Jay Adams

Wachsen oder stolpern?

Geistliches Wachstum durch Probleme

Jay Adams

Wachsen oder stolpern?

Geistliches Wachstum durch Probleme

Schwengeler

ISBN 3-85666-407-6

Bestell-Nr. 818407

2. Auflage 1990
3. Auflage 1993
4. Auflage 2004

Die amerikanische Originalausgabe erschien unter dem Titel
«A Thirst for Wholeness»

Übersetzung: Jacques Moine

Umschlaggestaltung und Gesamtherstellung:
Cicero Studio, CH-9442 Berneck, www.cicero-studio.ch

Inhalt

Vorwort

Schon seit Generationen versuchen Psychologen und Psychiater, einen Blick in die menschliche Psyche zu werfen, um damit die Seele der Menschen besser zu verstehen. Tausende haben sich auf der ganzen Welt dieser Aufgabe gewidmet, haben unzählige Seiten darüber geschrieben, und dennoch ist das Ergebnis sehr enttäuschend.

Die verschiedenen Vorstellungen über das Seelenleben des Menschen haben nicht zu einem besseren Verständnis und einer breiteren Übereinstimmung geführt, wie dies in anderen Forschungsgebieten der Fall ist, sondern das Gegenteil ist eingetreten. Der Mangel an Gemeinsamkeit und Übereinstimmung ist so gravierend, dass man ohne weiteres sagen kann, unter den Psychotherapeuten herrscht ein Chaos. Ein Psychologe beschrieb diesen Zustand als «ein Stimmenwirrwarr»[1]. Ein anderer bezeichnet diese Verwirrung beschönigend als «ein Ballett der Uneinigkeit»[2]. Joseph Carey berichtet: «Die Gesundheitsbehörden weisen darauf hin, dass eine Beurteilung der Wirksamkeit der 250 verschiedenen Psychotherapien, die es heute gibt, schwierig ist.»[3]

Es gibt demnach heute 250 verschiedene Psychotherapien. Überlegen wir uns einmal, was das heisst! Wir haben es also mit 250 unterschiedlichen Auffassungen über das menschliche Leben, die Natur und Herkunft der Probleme des Menschen und deren Lösung zu tun. Stellen wir uns einmal vor, wir hätten 250 unterschiedliche Auffassungen in anderen Wissensgebieten und Diensten, z. B. in der Elektrizitätslehre, bei den Fluglotsen, im Schiffsbau usw. Welch ein Chaos!

Es ist an der Zeit, dass wir uns von einem Ratespiel wegwenden und uns hinwenden zu Gott, um zu vernehmen, was Er zu diesem Thema zu sagen hat. Schliesslich hat Er uns ja geschaffen und weiss alles über uns. Ich kenne keine bessere Methode, als das Seelenleben des Menschen anhand des Jakobusbriefes zu studieren.

Ich versuche damit nicht die Bibel zu «psychologisieren». Ein solcher Versuch wäre nichts anderes, als dass man die Bibel in eines oder mehrere dieser 250 von Menschen erdachten psychologischen Systeme hineinpressen und interpretieren würde. Hingegen schlage ich eine Anleitung vor, um zu untersuchen, was Gott selbst über die inneren Prinzipien und Kräfte in unserem Leben gesagt hat. Deshalb beabsichtige ich auch nicht, den Brief in ein System zu zwängen oder auf aktuelle Fragen zu diesem Brief einzugehen. Ich möchte einfach Jakobus gestatten, uns zu führen, wohin er will.

Wahrscheinlich ist uns die praxisbezogene Art des Jakobusbriefes bekannt, insbesondere seine Hervorhebung der Werke als eine Frucht echten Glaubens. Dies ist gut und recht – haben Sie aber nicht auch oft Mühe, seine Anweisungen zu befolgen? Viele Christen haben diesbezüglich Schwierigkeiten. Ein Grund liegt darin, dass sie seine Einblicke in menschliche Zusammenhänge nicht verstehen.

Das Hauptanliegen des Jakobus besteht darin, uns zu helfen, ein *teleios* (vollständiger, bzw. vollkommener) Mensch zu werden (Jak. 1,4; 3,2; vgl. auch 1,17 + 27). Zu diesem Zweck weist er nicht nur auf das richtige Verhalten hin, sondern er beschreibt auch die inneren Prinzipien und Kräfte, die dazu führen. Um *vollkommen* zu sein, muss man diese inneren Prinzipien kennen.

Viele Menschen sind in ihrem Streben nach einem geheiligten Leben gescheitert, dies zum Teil, weil sie wohl die Anforderungen Gottes kannten, jedoch nicht wussten, wie sie diese Anforderungen erfüllen sollten. Es kommt dann zu einem Stillstand in ihrem Glaubensleben. *Sie* müssen nicht notwendigerweise zu dieser Gruppe gehören.

Die Methode, die Jakobus als Hilfe zum Wachstum im Glauben vorschlägt, ist einzigartig. Nur er offenbart uns *detaillierte* Angaben Gottes über einige der Kräfte, die in uns wirksam sind. Wenn wir uns dieser Akzentsetzung einmal bewusst sind, dann fallen uns beim Lesen die Stellen über das Seelenleben sofort auf. Und dennoch ist dieses Gebiet, soweit mir bekannt ist, noch kaum erforscht. Deshalb schlage ich eine Expedition vor, bei der wir die wichtigsten Stellen, in denen Gott über unser Seelenleben spricht, ausfindig machen und untersuchen wollen.

Beim Lesen werden wir merken, wie wichtig dieses so wenig bekannte Thema für Jakobus war, und dass es nicht meine eigene Auslegung ist, die ich dem Brief aufzwingen möchte. Als ich nämlich einen Kurs mit dem Titel «Seelsorge und der Jakobusbrief» gab, begann ich zu merken, welches das Anliegen des Jakobus war. Beständig stiess ich auf seine Hinweise zur Erklärung der inneren Prinzipien des menschlichen Lebens, was dann auch meinen Unterricht beeinflusste. Als Folge davon sah ich mich gezwungen, das Ganze noch einmal zu überdenken – ein Studium, das meine Vermutungen über sein Hauptanliegen und seine Methode vollauf bestätigte.

Das vorliegende Buch ist nun die Frucht dieser gedanklichen Vertiefung. Es ist jedoch kein Bibelkommentar; es ist auch keine Betrachtung zum ganzen Jakobusbrief. Das Buch heisst auch nicht «Seelsorge bei Jakobus». Dieses Buch ist eher ein intensives Studium dessen, was Gott dem Jakobus *über uns* geoffenbart hat, über unser *inneres* Wesen. Meine Absicht ist es, die Einblicke in unsere Natur, die uns Gott im Jakobusbrief gewährt, und die im ganzen Brief verstreut auftauchen, zu betrachten.

Jakobus erwähnt nicht *alle* Prinzipien und Kräfte des menschlichen Lebens, die Sie interessieren könnten, noch teilt er uns alles mit, was Gott zu diesem Thema gesagt hat. In anderen Büchern der Bibel finden wir mehr darüber. Die Einzigartigkeit des Jakobusbriefes liegt nicht so sehr in der Tatsache begründet, dass er uns die menschlichen Zusammenhänge aufschliesst, sondern in der Wichtigkeit, die er ihnen beimisst. Er will uns bewusstmachen, dass wir die inneren Prinzipien und Kräfte kennen müssen, um «vollständige» Christen zu werden. Diese Akzentsetzung, die unter den Büchern des Neuen Testaments einmalig ist, kennzeichnet diesen Brief als Teil der Weisheitsliteratur.

Der Jakobusbrief gibt uns wohl nicht eine vollständige Abhandlung über alle inneren Prinzipien und Kräfte im menschlichen Leben, er gibt uns aber das Grundwissen, das wir brauchen, um den zerstörerischen Neigungen unserer sündigen Natur entgegenwirken zu können.

Wie alle andern haben auch Sie gelernt, Ihre seelischen Fähigkeiten für sündige Zwecke zu gebrauchen – obschon Gott uns ursprünglich mit diesen Fähigkeiten erleichtern wollte, ein Ihm wohlgefälliges Leben zu führen. Jakobus stellt diese Neigungen ans Licht und zeigt uns, wie sie uns in der Nachfolge Christi behindern. Dadurch ermöglicht er uns, sie zu erkennen, und er gibt uns auch die Mittel, um sie zu bekämpfen, ihnen keinen Raum zur Entfaltung mehr zu geben und sie durch biblische Verhaltensweisen zu ersetzen.

Viele Christen kommen im Glauben nicht voran. Vielleicht gilt das auch für Sie. Einer der Gründe für Niederlagen und Enttäuschungen im Glaubensleben liegt darin, dass man die Einblicke, die Gott uns in die inneren Prinzipien gibt, nicht versteht und anwendet. Es ist deshalb mein Gebet, dass durch dieses Buch diese Prinzipien aufgedeckt werden und Sie dadurch eine echte Hilfe bekommen, wie Sie für Gott ein *vollständiger* Christ werden können.

1. Sie können ein vollständiger Christ sein

«Was stimmt denn mit mir nicht? Nie gelingt es mir, alles in den Griff zu bekommen. Mal denke ich, dass ich in einem Bereich geistlich gewachsen bin, nur um dann andere Bereiche zu entdecken, in denen ich noch nicht einmal begonnen habe, einen Fortschritt zu machen. Da geht es plötzlich in meinem Gebetsleben voran und dann, was mache ich? – mein Temperament gewinnt wieder die Oberhand und alles ist wieder wie früher. Gibt es denn keine Möglichkeit, das Glaubensleben in den Griff zu bekommen?»

Dies waren Freds Worte, Fragen eines frustrierten Ehemannes, nachdem er seine Wut an seiner Frau ausgelassen und ihr Dinge gesagt hatte, die er eigentlich gar nicht sagen wollte, und er sich vorher vorgenommen hatte, solches nie wieder zu sagen. Im Jakobusbrief finden wir die Lösung für Freds Dilemma. Jakobus unterweist Fred, wie er mit seinem Ärger umgehen muss und vor allem, wie er «alles in den Griff bekommen kann».

Der Jakobusbrief möchte Sie unterweisen, wie Sie Ihre Probleme geistlich meistern können, um in der Folge ein reifer Christ zu werden. Jakobus nennt den reifen Christen – der gelernt hat, der Sünde zu widerstehen, dessen Glaube stark und unerschütterlich ist, dessen Gebete wirksam sind und der weiss, wie er Versuchungen erdulden kann, einen «vollständigen» *(teleios)* Menschen.

Was bedeutet dies genau? Das griechische Wort *teleios* kommt im Ausdruck «vollkommen *(teleios)* und vollendet» vor (Jak. 1,4). Das Anliegen des Jakobus deckt sich mit dem von Fred: alles in den Griff zu bekommen.

Das Wort *teleios* hat mehrere Bedeutungen; dazu gehört der Gedanke der Ganzheit, Vollständigkeit, Reife und der Vollkommenheit. Die beiden letzten Begriffe (Reife und Vollkommenheit) werden unter dem Aspekt der Vollständigkeit gesehen, was auch die Grundbedeutung dieses Ausdrucks ist. Dies gilt auch heute noch in der griechischen Sprache. Ein *teleia* zum Beispiel ist im modernen Griechisch ein Punkt, der Schlusspunkt, den man am Ende eines Satzes setzt, um anzuzeigen, dass der Satz *vollständig* abgeschlossen ist. Gleicherweise ist eine «reife» Person ein Mensch, der den Reifeprozess, der sich von der Kindheit bis zum Erwachsensein erstreckt, *vollständig* abgeschlossen hat. Gemäss Jakobus hat ein *vollständiger* Mensch in nichts Mangel (V. 4); er ist vollendet, vollkommen. Biblisch gesprochen, ist ein *vollständiger* Mensch jemand, der in *allen Gebieten* (ohne Ausnahme) seines Glaubenslebens Fortschritte macht – nicht jemand, der nicht mehr sündigt. Dieser Reifeprozess ist in allen Bereichen seines Lebens im Gang.

Jakobus hat diesen Aspekt der Vollständigkeit mit dem Ausdruck «vollkommen und vollendet» (V. 4) hervorgehoben. Das zweite Wort *holokleros* weist auf etwas hin, das «unversehrt ist», das «alle Teile hat», etwas, das ganz ist. Die beiden Wörter finden wir wieder als Wortpaar gebraucht in Kol. 4,12, was darauf hinweist, dass der Ausdruck «vollkommen und vollendet» gewöhnlich verwendet wurde, um die Vollständigkeit hervorzuheben.

Wir merken, dass es Jakobus wirklich um die Vollständigkeit ging, nicht nur weil er den gebräuchlichen Ausdruck dafür verwendet, sondern weil er direkt anschliessend erklärt, dass ein solcher Christ «in nichts Mangel hat». Wer in nichts Mangel hat, hat alles; er ist *vollkommen.* Jakobus möchte Sie auf mögliche Mängel in Ihrem Leben hinweisen, und er zeigt diese Mängel in seinem Brief auf und sagt, was Sie dagegen tun können.

Der Gedanke der Vollständigkeit im Jakobusbrief, der in anderer Hinsicht den Weisheitsbüchern des Alten Testaments sehr ähnlich ist, wurde wahrscheinlich dem hebräischen Begriff *tam*[4] in Hiob 1,1 entnommen, wo Hiob als «vollkommener» Mann bezeichnet wird. Hiob war nicht ohne Sünde, aber er war ein untadeliger, lauterer Mensch. Sein Leben *als Ganzes* war Gott wohlgefällig. Desgleichen erwähnt David seine Entschlossenheit, in seinem Hause in Lauterkeit zu wandeln (Ps. 101,2). David, Hiob und Jakobus sprechen alle über dasselbe, nämlich eine geistlich reife Person, die in jedem Lebensbereich gut vorankommt. Diese Person ist nicht sündlos, noch hat sie in irgendeinem Bereich schon eine Vollkommenheit erreicht, die es ihr erlauben würde, das Wachstum anzuhalten. Im Gegenteil, eine vollständige Person macht in allen Bereichen, *ohne Ausnahme,* Fortschritte. Dies ist das Anliegen des Jakobus. Er möchte aus Ihnen einen ausgewogenen, vollständigen Christen machen, der in nichts Mangel leidet. Gibt es in Ihrem Leben unausgefüllte Bereiche? Kommt es vor, dass Ihre guten Absichten von schlechten Neigungen zunichte gemacht werden? Dann kann Ihnen dieses Buch helfen.

Die Wichtigkeit, die Gott der Vollständigkeit beimisst, ist aus der Ermahnung des Jakobus ersichtlich: *«Das Ausharren aber habe ein vollkommenes (teleion) Werk»* (Jak. 1,4). Er befürchtet, dass einigen Leute jedes Mittel recht sein könnte, um den Anfechtungen zu entgehen, und dass sie dadurch den Reifeprozess, der untrennbar mit den Anfechtungen verbunden ist, abkürzen. Ein Christ ist ohne die Frucht des Ausharrens in Anfechtungen nicht vollständig. Das Ausharren in Anfechtungen soll ein inneres «Werk» haben. Deshalb warnt Jakobus vor Abkürzungen im Glauben. Anfechtungen sollen Ausharren bewirken, und dies gehört zu Gottes «vollkommenem Werk».

Was Jakobus in diesen Versen über Erprobung und Ausharren mitteilt, gilt für seinen ganzen Brief. Dieses innere «Werk» oder diese Entwicklung (z. B. «Bewährung *bewirkt Ausharren;* Ausharren hat ein *Werk*», usw.) hat Vollständigkeit zur Folge. Dies sind die Mittel, die der Geist Gottes gebraucht, um Sie vollkommen zu machen. Dies ist zugleich der erste innere Zusammenhang, den Jakobus untersucht – und zwar ist er positiv. Diesen Zusammenhang müssen Sie unbedingt kennen, da Sie ansonsten seine auferbauende und zur Vollständigkeit führende Wirkung vereiteln.

Es gibt aber noch weitere innere Prinzipien und Kräfte – und zwar negative –, von denen Sie Kenntnis haben müssen. Lässt man sie in seinem Innern uneingeschränkt entfalten, haben sie eine lebenszerstörende Wirkung. Jakobus erklärt zum Beispiel, dass Wankelmut (oder Zweifel an Gottes Wort) jegliche Standhaftigkeit im Leben zerstört; im Besonderen erwähnt er, wie davon das Gebetsleben negativ beeinflusst wird. Der Jakobusbrief hilft Ihnen, die positiven und negativen inneren Vorgänge zu erkennen, sodass Sie fähig werden, die ersteren zu fördern und die letzteren zu bekämpfen.

Jakobus warnt vor den hemmenden und vernichtenden Folgen der sündhaften, zerstörerischen Neigungen, die in Ihnen wirksam sind gegen die auferbauenden, zur Vollständigkeit führenden Kräfte. Diese inneren Kämpfe führen zu Spannungen und können aus Ihnen eine wankelmütige, unzuverlässige und unmündige Person machen. Ihre geistliche Rüstung wird dadurch völlig durchlöchert. Jakobus macht uns auf diese Zusammenhänge und Gefahren aufmerksam – ihre Wirkungsweise, ihre Folgen und ihre Erkennungsmerkmale – und ermöglicht es Ihnen damit, ihnen vorzubeugen.

Eine Versuchung zum Beispiel muss nicht notwendigerweise immer zum Bösen führen. Jakobus zeigt uns, wie man ihr an drei «Übergangspunkten» durch richtiges Verhalten ein Ende bereiten kann. Dadurch tritt an die Stelle der Versuchung das Ausharren. Somit ist ein Vorgang, der an sich zur Sünde führen würde, durch einen positiven ersetzt worden, der nun seinerseits geistliches Wachstum bewirkt.

Es gibt demnach etwas Erfrischendes, Belebendes im Jakobusbrief, das Sie sich zu Eigen machen müssen, um dann das fruchtbringende, aktive Glaubensleben eines reifen Christen führen zu können. Wir wollen uns nun dem genauen Studium all dieser Vorgänge und Prinzipien zuwenden, die uns der Jakobusbrief schildert.

2. Sie können Anfechtungen mit Freude ertragen

Bob kam wieder einmal völlig niedergeschlagen nach Hause. Barbara und die Kinder merkten es, als er zur Tür hereinkam. Am Arbeitsplatz hatte es Probleme gegeben. Zuerst einmal hatte sein Chef ihm keine Anerkennung gezeigt für die gute Arbeit, die er geleistet hatte – obwohl er sie schon eineinhalb Wochen vor dem festgesetzten Termin abgeschlossen hatte –, und dann hatte der Chef, dem es nicht gut ging, seinen Ärger an jedem im Büro ausgelassen, einschliesslich Bob.

«Wie die einen dort behandeln, auch wenn man seine Arbeit gut macht», brummte Bob, «am besten würde man kündigen. Oder dann einfach die Zeit totschlagen, anstatt sich voll einzusetzen!»

«Aber du hast doch nicht gekündigt?», fragte Barbara.

«Nein, aber ich glaube, ich werde es am Montag tun.»

«Aber Bob, vergiss bitte nicht, dass du nicht nur für deinen Chef arbeitest, sondern auch für den Herrn» (Kol. 3,24).

«Ja, ich weiss es, Barbara. Als Christ sollte mir dies alles gar nichts ausmachen; und doch macht es mich irgendwie fertig.»

Bobs Dilemma ist nichts Aussergewöhnliches. Vielleicht haben Sie ein ähnliches Problem. Nur, als Mutter oder Ehefrau würden Sie lieber einfach streiken! Gibt es denn nun einen Weg, wie man Anfechtungen und Schwierigkeiten mit Freude erdulden kann, anstatt sich zu ärgern, schwermütig zu werden oder zu verzweifeln?

Niemand wird in dieser sündigen Welt lange vor Anfechtungen verschont. Vielleicht befinden Sie sich jetzt gerade in einer solchen Lage, oder Sie haben vor kurzem eine Anfechtung überstanden – vielleicht nicht ganz, ohne Schaden genommen zu haben.

Wenn Sie jetzt daran denken, wie Sie sich in Anfechtungen und Schwierigkeiten verhalten, dann sagen Sie vielleicht: «Ja, ich bin genau so wie Bob.» Möglicherweise reagieren Sie verärgert, oder Sie sind dann fix und fertig. Wie dem auch sei, gewöhnlich ist Ihr Verhalten nicht eben freudig. Auf alle Fälle wissen Sie, dass Sie Anfechtungen nicht mit der Freude begegnen, wie sie Jakobus beschreibt.

Gottes Analyse

Jakobus gewährt uns einen Einblick in die negativen Kräfte, die Sie niederdrücken und Sie veranlassen, in Schwierigkeiten falsch zu reagieren. Er zeigt Ihnen aber auch das richtige Verhalten eines Christen.

«Achtet es für lauter Freude, meine Brüder, wenn ihr in mancherlei Versuchungen geratet» (Jak. 1,2). Jakobus will, dass Sie wissen, dass sich der vollständige Christ in Anfechtungen freut, da er die ganze Situation «für lauter Freude achten» kann.

Beachten Sie aber, dass Jakobus nicht die *äussere* Reaktion des vollständigen Christen erwähnt. Er beschreibt das *innere Verhalten* dieses Menschen, der die Anfechtung als etwas Erfreuliches «betrachtet». Und gerade darin liegt der Unterschied zwischen Bob und einem reifen Gläubigen. Der reife Christ kann einer Anfechtung etwas abgewinnen, was der unmündige gar nicht sieht. Wenn Sie nun lernen, Anfechtungen auf diese Weise zu betrachten, würde das nicht viele Änderungen in Ihrem Leben mit sich bringen?

«Natürlich», sagen Sie, «aber das ist nicht so einfach. Ich kann meine Gefühle eben nicht so kontrollieren, wie ich sollte. Entweder bekomme ich eine Mordsangst, oder ich werde wütend oder sauer wie Bob. Ich kann mir gar nicht vorstellen, wie ich mich in Anfechtungen freuen soll.»

Das Problem liegt darin, dass Ihre *Gefühle* eine völlig falsche Richtung einschlagen. Ihre sündige Verhaltensweise, mit der Sie gelernt haben, auf Schwierigkeiten zu reagieren, löst dann auch alle negativen Gefühle aus. Gott verlangt aber nicht von Ihnen, dass Sie sich in Anfechtungen überglücklich *fühlen*. Er kennt Sie viel zu gut. Sie sind nicht so beschaffen –

Sie können Ihre Gefühle nicht einfach ein- und ausschalten, wie man das mit einer Lampe tun kann. Sie haben keine direkte Kontrolle über Ihre Gefühle.

Lesen Sie bitte noch einmal den Vers 2. Jakobus sagt dort nicht, «fühle es als Freude» in der Anfechtung, sondern *«achte es für* lauter Freude». Dies ist nun etwas, was Sie tun können, Gefühle hin oder her. Es handelt sich dabei nicht nur um einen guten Rat, sondern um etwas, das Sie *lernen müssen* zu tun; Jakobus stellt dies als Gebot hin.

Der Ausdruck «achten für» ist der Schlüssel zum richtigen Verhalten, seien es äussere oder innere Reaktionen (das richtige Verhalten nach aussen ist letztlich eine Folge des richtigen inneren Verhaltens). Dieser Ausdruck gibt Ihnen die Anweisung, wie Sie sich innerlich verhalten müssen. Dies hat mit Ihren *Gedanken* zu tun. Sie, Bob und andere versagen in Anfechtungen, weil Sie falsch darauf reagieren. Schwierigkeiten tauchen auf, und Sie ärgern sich, oder Sie sind niedergeschlagen, oder Sie reagieren auf irgendeine andere Art, auf alle Fälle so, wie Sie es sich *angewöhnt* haben. Tatsächlich haben Sie sich schon so sehr daran gewöhnt, dass Sie automatisch so reagieren.

Nun versuchen wir uns vorzustellen, was in Bob vorgegangen ist. Sein Chef schnauzt ihn an, anstatt ihn für die gute Arbeit zu loben. Wir können Bobs Gedanken aus seinen Worten an seine Frau erkennen. Er ist enttäuscht. Er hat Mitleid mit sich selbst und sagt sich: «Das ist ungerecht; ich habe etwas Besseres verdient!» Kaum beginnt er so zu denken, ist er schon in Niedergeschlagenheit gehüllt, wie in dichten Nebel. Je länger er solche Gedanken hegt, umso niedergeschlagener wird er, und alles wird nur noch schlimmer.

«Ja, genau das passiert», sagen Sie, «aber trotzdem kann ich meine Gefühle nicht kontrollieren.» Stimmt! Aber Sie können Ihre *Gedanken* beherrschen. Bobs Gefühle wurden beeinflusst von seiner Einstellung zur Anfechtung. Genau auf diesen Punkt müssen Sie Ihre Aufmerksamkeit lenken: Gott stellt Ihre *Gedanken* in den Mittelpunkt, *nicht Ihre Gefühle.* Sie müssen lernen, Anfechtungen als einen Grund zur Freude zu *betrachten.* Verwehren Sie jedem negativen Gedanken den Zutritt in Ihren Verstand. Betrachten Sie die Welt als letztlich unter Gottes Herrschaft stehend, und *alles,* was geschieht, gereicht Ihm zur Ehre und Seinen Kindern zum Guten.

Wir wollen den Ausdruck «achten für» genauer untersuchen. Es ist sehr aufschlussreich, dass der Ausdruck in seiner ursprünglichen Bedeutung für «lenken, führen» gebraucht wird und nicht für «achten für». Da man seine Gedanken in eine bestimmte Richtung «lenken» kann, nahm das Verb die Bedeutung «halten für, achten für, betrachten als» an. Diese Feststellung ist für das Verständnis von Jakobus' Gebot überaus wichtig.[5]

Man kann zwar in Anfechtungen seine Gefühle nicht direkt beherrschen, aber Sie können sie indirekt beeinflussen, indem Sie Ihre *Gedanken lenken* und sie der richtigen, biblischen Betrachtungsweise näher bringen. Denkt man über Anfechtungen nach Gottes Gedanken, so erzeugt dies auch die richtigen inneren und äusseren Reaktionen. Sobald Sie beginnen, Anfechtungen mehr von Gottes Standpunkt aus zu sehen, werden schliesslich auch Sie den Punkt erreichen, wo Sie sich in Anfechtungen freuen können.

Dies geschieht aber nicht ohne Ihre Mithilfe; es braucht einen bewussten Willensakt ihrerseits, um Ihre Gedanken aus dem Sumpf heidnischer Überlegungen herauszuziehen, in dem sie herumwaten durften. Über Jahre hinweg haben Sie vielleicht die Zügel gelockert und Ihren Gedanken gestattet, sich auf sündige Bahnen zu begeben und sich darin zu beschmutzen. Ihre Gedanken wurden von Ihrer sündigen Natur auf diese Bahnen der Sünde und des Elends hingelenkt. Nun aber, erlöst durch das Blut Christi, durch den Geist Gottes wiedergeboren und mit einer neuen Gesinnung in Ihrem Herzen, die Sie zu einem Leben für Gott befähigt, sind Sie imstande, die Zügel wieder in die Hand zu nehmen und Ihre Gedanken zum frischen, klaren Wasser des Lebens zu führen.

Sie werden mit anderen Worten den Punkt erreichen, von dem aus Sie alle Anfechtungen als Segen betrachten und dies als Freude erachten, vorausgesetzt, Sie nehmen sich bewusst die Zeit und bemühen sich unter Gebet, alles nach Gottes Gedanken zu *beurteilen* (Jes. 55,7–9). Nur dann werden Sie sich in Anfechtungen freuen können.

Dies heisst jedoch nicht, dass Sie sich über Ungerechtigkeiten, Elend und Leiden freuen sollen. Es bedeutet auch nicht, dass Sie jederzeit mit einem albernen Grinsen herumlaufen und jedem sagen: «Ist doch egal, Preis dem Herrn.» Auch ist damit nicht gemeint, dass Sie nie wieder weinen oder nie mehr Schmerz oder Leid verspüren werden. Nein, Jakobus sagt nichts dergleichen.

Jakobus weiss, dass Freude etwas Tieferes ist als Glück, und deshalb kann er dementsprechend schreiben. Glück hängt von den Umständen ab, im Gegensatz zur Freude, die auf den Verheissungen Gottes gründet. Darum kann man sich auch inmitten von Anfechtungen, ja sogar im Leiden, freuen (vgl. Apg. 5,40 + 41). Man ist deswegen kein Masochist, der den Schmerz sucht, sondern ein Christ, der in der Anfechtung mehr sieht als nur die Anfechtung allein – er achtet nicht darauf und sieht die vor ihm liegende Freude (Hebr. 12,2).

Wenn Sie den Sinn der Anfechtung biblisch betrachten und alles von Gottes Standpunkt aus sehen – nämlich als ein Mittel zu Ihrer Vollkommenheit – dann werden Sie «es für lauter Freude achten» können und sich daran erfreuen! Der Christ, anders als der Humanist, sieht hinter der Anfechtung Gottes Absichten, erkennt Sein Wirken und weiss, dass alles zur Erfüllung Seiner Ratschlüsse dient. So werden sinnlose, absurde Verhältnisse in freudige Ereignisse umgewandelt.

Viele Christen wundern sich, weshalb Gott nicht direkter in ihr Leben eingreift. Nun, Er tut es! Sie *achten* ganz einfach nicht darauf. Gott ist daran, Ihre harten Kanten abzuschleifen, Sie in das Bild Seines Sohnes umzugestalten, Sie zu heiligen, Sie zur Vollkommenheit zu führen durch Anfechtungen! Auf diese Weise werden Anfechtungen Grund zur Freude sein und nicht zur Niedergeschlagenheit, wenn der Gläubige die richtige Einstellung dazu hat. Sie sind der Beweis dafür, dass Gott in Ihrem Leben wirkt und dabei ist, Sie in die von Ihm gewünschte, *vollständige* Person umzugestalten.

Sie werden sich in Anfechtungen immer wieder falsch verhalten, bis Sie Ihre verkehrte Ansicht ablegen und an deren Stelle Gottes heilige und richtige Sicht übernehmen. Gott schaut das Ziel an, den Zweck, den Er mit der Anfechtung erreichen möchte. So gesehen können auch Sie, wie Jesus, die Anfechtungen erdulden, *«um der vor Ihnen liegenden Freude willen»*. Trotz Seiner Agonie und Leiden erachtete Jesus das Kreuz als Freude, da Er Seinen Blick auf das vor Ihm Liegende gerichtet hatte (Hebr. 12,2). Dieses geistliche Prinzip, diese innere Einstellung, liess Jesus die Anfechtung erdulden, und dies wird auch in Ihrem Leben der Fall sein.

Das gleiche Prinzip, dieselbe Einstellung wird Ihnen helfen, «mancherlei Anfechtungen» zu ertragen (Jak. 1,2). Das Wort «mancherlei» bedeutet wörtlich «bunt schillernd, vielfältig». Die Kraft, die Sie durchträgt, ist nicht auf eine bestimmte Art der Anfechtung beschränkt. Gott, der grosse Meister, kennt das ganze Spektrum der Probleme, denen Sie in Ihrem Leben begegnen werden, und Er arbeitet damit. Er ist die ganze Zeit damit beschäftigt, aus Ihnen einen vollständigen Christen zu machen und verwendet dazu das grelle Rot der Trübsal, das kalte Blau des Kummers, das schmutzige Braun des Versagens und das blasse Gelb der Krankheit und Schwachheit. Gott ist am Werk; jeder Farbton befindet sich auf Seiner Palette, leuchtend wie ein Regenbogen.

Ihr Problem

Gottes Analyse lautet demnach folgendermassen: Sie können sich in Anfechtungen freuen, wenn Sie sie als das betrachten, was sie sind – als Beweise für Gottes Wirken, der Sie in die von Ihm gewünschte, *vollständige* Person umgestaltet. Dieses Sich-Freuen ist möglich, da Gott nie etwas von Seinen Kindern verlangt, ohne ihnen gleichzeitig auch die nötige Kraft und Weisheit zu geben – wenn sie bloss willens sind.

Bibelausleger tun sich manchmal schwer mit der Erklärung, weshalb Jakobus seinen Brief doch ziemlich abrupt beginnt. Als Leiter der Gemeinde in Jerusalem kannte Jakobus die Menschen. Gott hatte ihm Einsicht gegeben in die Gedankengänge, Zweifel und Ängste der Leute. Jakobus wusste, dass alle, die in Sünden gebunden sind, die zerbrochenen Herzens sind, die mit Versuchungen, Zweifel und Verwirrung zu kämpfen haben, Hilfe benötigen – und zwar brauchen sie diese Hilfe sofort. Er wusste auch, dass man klar und deutlich zu ihnen reden muss.

Wenn Sie zum Zahnarzt gehen, wollen Sie sicher nicht, dass er Ihnen lange Geschichten erzählt. Sie sagen zu ihm: «Hier tut's weh!» Sie möchten, dass die Schmerzen so schnell wie möglich gelindert werden. Unterhalten können Sie sich später noch. Jakobus ist wie ein guter Zahnarzt; er kommt gleich zur Sache und sagt: «Achte es für lauter Freude, wenn du in mancherlei Anfechtungen kommst.» Er spricht nicht lange um den Brei herum.

Viele Christen in Jerusalem erwarteten jedoch andere Worte. Sie hatten auf Mitgefühl und Milde gehofft. Tatsächlich tönen Jakobus' Worte hart. Überlegen Sie einmal! Inmitten von Anfechtungen aller Art verlangt er von ihnen: «Achtet dies für lauter Freude!» Menschen, die ihr Leben nicht nach der Bibel ausrichten, hören es nicht gern, wenn man ihnen sagt, sie sollen ihre Probleme als eine freudige Sache betrachten. Vielleicht gehören Sie auch zu dieser Gruppe.

Kehren wir doch wieder zu unserem Freund, dem Zahnarzt, zurück. Er untersucht Ihren schmerzenden Zahn und sagt: «Tut mir Leid, der muss gezogen werden.» Wiederum kein Mitgefühl! Er teilt Ihnen trotz Ihrer Schmerzen mit, dass Ihnen noch mehr Schmerzen bevorstehen. Doch Sie sind bereit, diese Schmerzen zu erdulden, da Sie nicht nur die Spritze, die Zange und die Schmerzen sehen, sondern wissen, dass es Ihnen nachher besser gehen wird.

Jakobus ist nicht grausam. Es war der Geist Gottes, der ihn diese Worte schreiben hiess. «Hast du Probleme? Dann schau, wie du trotzdem froh sein kannst.» Dies sind gütige Worte. Nur muss man sie als solche *betrachten.* Jakobus möchte Sie von einer oberflächlichen Betrachtungsweise befreien und Ihnen die Wichtigkeit der richtigen Einstellung zu all jenen Problemen bewusst machen, auf die er in seinem Brief eingehen wird. Er möchte jedes Selbstmitleid, allen Ärger, Entmutigungen und alles andere, was Ihnen die Sicht für die biblische Realität verdunkelt, ausfegen. Der einzige, gangbare Weg dahin beginnt mit der richtigen, gottgemässen Einstellung zu Schwierigkeiten – so schmerzhaft dies auch sein mag.

Jakobus weiss, was auch jeder gute Arzt weiss: Ihre innere Einstellung ist entscheidend. Wenn Sie vor einer Operation schon über Ihr Testament und über die Blumen, die Sie dann gern auf Ihrem Sarg haben möchten, sprechen, kann dies Auswirkungen haben. Menschen sterben manchmal wegen falscher Einstellungen. Ebenso überleben Menschen mit einer positiven Einstellung eine schwere Operation eher und genesen auch schneller. Um die Anfechtungen im Leben gut zu überstehen, muss Ihre innere Einstellung *biblisch* positiv sein.

Jakobus beginnt seinen Brief mit dieser Ermahnung, weil er damit beim Leser eine Einstellung bewirken möchte, die ihn empfänglich macht für alle weiteren Unterweisungen. Sein Anliegen, Sie zu einer vollständigen Person zu machen, wird er erst erfüllt sehen, wenn er Sie mit allen Informationen, Anweisungen, mit Motivation und Einsicht dazu bringt, Ihre Gedanken in die richtigen Bahnen zu lenken. In den folgenden Kapiteln werden wir dies dann näher betrachten. Zuvor wollen wir aber noch einen weiteren Aspekt zur Anfechtung betrachten: Jakobus sagt, dass Anfechtungen, denen man nicht vorzeitig ausweicht, Ausharren bewirken.

Ausharren

Gott benutzt Anfechtungen, um Seine Pläne in unserem Leben zu verwirklichen; Anfechtungen bewirken demzufolge etwas Gutes – wenn man ihnen biblisch begegnet. Sie bewirken unter anderem Ausharren. Dies ist eine Frucht, an die man denken sollte, wenn man sich über den Nutzen der Anfechtungen Gedanken macht. Durch alle Jahrhunderte hindurch, seit der Zeit der Apostel bis heute, haben Christen im Namen Jesu Schande, Entbehrungen, Verlust, Folter und Tod erleiden müssen. Einige sind mutig den Löwen entgegengetreten, andere haben den Scheiterhaufen bestiegen und um der Ehre des Herrn willen Ungemach und Nöte überstanden. Andere Christen wiederum haben versagt, Verrat begangen, sich von ihrem Glauben losgesagt und ihren Herrn verleugnet. Was machte den Unterschied aus? Die einen hatten *Ausharren,* die andern nicht.

Ausharren ist die Fähigkeit, auch unter widerwärtigen Umständen nicht zu wanken. Der vollständige Christ ehrt den Herrn Jesus auch dann, wenn es ihm nicht leicht fällt, eben weil er gelernt hat, auszuharren. Er gibt auch in der Stunde der Versuchung nicht nach.

Jakobus lehrt uns, Anfechtungen als Freude zu erachten, *«indem wir erkennen, dass die Bewährung unseres Glaubens Ausharren bewirkt. Das Ausharren aber soll ein vollkommenes Werk haben, damit wir vollkommen und vollendet sind und in nichts Mangel haben»* (Jak. 1,3 + 4). Der Glaube wird gestärkt, wenn man Anfechtungen biblisch handhabt. Anfechtungen, die man wegen ihres Nutzens freudig erträgt, befähigen uns dann auch, auszuharren – sogar bis zum Tod. Zu viele Christen versagen in entscheidenden Situationen; dann, wenn sie für den Herrn Farbe bekennen sollten. Sie gehen Kompromisse ein bei der Partnerwahl, in Bezug auf Freunde, bei der Erziehung, in der Gemeinde, in ihrem Bekenntnis und in Bezug auf Gott!

Dies kann nur geschehen, weil diese Gläubigen es schon bei früherer Gelegenheit nicht gelernt haben, leichtere Anfechtungen zu ertragen. Sie sind ihnen mit einer falschen Einstellung begegnet. Und dann versagten sie im entscheidenden Moment. Wenn sich Bob in Anfechtungen am Arbeitsplatz und anderswo weiterhin in eine Wolke von Niedergeschlagenheit einhüllen lässt, dann wird er in schwierigeren Situationen völlig Schiffbruch erleiden.

Gott erwartet, dass wir ausharren. Wenn Sie nachgeben und meinen, «Es ist zu viel» oder «Ich ertrag's nicht mehr», da doch Gottes Wort etwas anderes sagt (1. Kor. 10,13)[6], werden Sie geistlich unreif bleiben. Durch wiederholtes Versagen schwächen Sie Ihren Glauben, anstatt ihn zu stärken, indem Sie lernen, Anfechtungen mit der richtigen Einstellung zu begegnen.

Gott trainiert Sie für die Zukunft. Es ist ähnlich wie bei den Vorbereitungen auf die Olympischen Spiele. Schwimmer, Leichtathleten und andere Sportler bauen ihre Kondition (bzw. ihr Ausharren) allmählich auf, um dann im Wettkampf gerüstet zu sein und alle erforderlichen Reserven aufbieten zu können. Kaum einer wird eine Goldmedaille gewinnen, ohne nicht zuvor schon weit weniger wichtige Wettkämpfe gewonnen zu haben.

Sehr vieles kann von Ihrem richtigen Verhalten in Anfechtungen abhängen: das Wohl Ihrer Familie, das Gemeindeleben, die Aussagekraft Ihres Zeugnisses. Als Josef sich in der Grube befand, im Haus des Potiphars diente oder im Gefängnis steckte, wusste er noch nicht, wozu ihm dies alles widerfuhr, und doch vertraute er Gott in allem. In der Folge bestand er die Prüfung und versagte nicht, als Gott ihn an eine verantwortungsvolle Stelle setzte. In all den Jahren hatte er in den Anfechtungen die richtige Einstellung. So konnte er seinen Brüdern sagen: *«Ihr hattet zwar Böses gegen mich beabsichtigt; Gott aber hatte beabsichtigt, es zum Guten zu wenden, … nämlich um ein zahlreiches Volk am Leben zu erhalten»* (1. Mose 50,20).

Eine Gefahr

Jede Anfechtung birgt eine Gefahr in sich. Sie werden versucht sein, den Weg, der zur Bildung des Ausharrens führt, abzukürzen. Dies geschieht immer dann, wenn Sie dem Ausharren nicht gestatten, «ein vollkommenes Werk zu haben». Falls Gott die Anfechtung unterbindet, umso besser. Wenn Sie Gottes Anweisungen befolgen und dadurch die Anfechtungen abkürzen, ist das auch gut. Wenn Sie hingegen eine unbiblische Abkürzung wählen, dann gehen Sie auch des Ausharrens verlustig, das die Anfechtung hätte bewirken sollen. Eines Tages werden Sie dann diesen Mangel verspüren.

Jakobus warnt uns vor der Gefahr, eine unbiblische Abkürzung zu wählen. Würde diese Gefahr nicht bestehen, so bestünde auch kein Grund zur Warnung. Es ist zwar verständlich, dass Sie so schnell wie möglich dem Leiden entrinnen möchten. Wenn Sie aber der Anfechtung ausweichen, bevor sie ihr Werk ausgerichtet hat, werden Sie nur mit einer weiteren Anfechtung konfrontiert, bis Sie die von Gott beabsichtigte, geistliche Lektion gelernt haben. Dies musste Jona erfahren. Durch sein Verhalten hat er sich nur ein Problem nach dem anderen aufgebürdet. Am Ende musste er dennoch dem Weg Gottes folgen; es gab letztlich keine Abkürzung.

Wie kann man denn eine Anfechtung abkürzen? Das Verlangen nach Linderung der Schmerzen oder des Leidens mag so stark sein, dass Sie bereit sind, jede Hilfe anzunehmen. Vielleicht greifen Sie zu Medikamenten, unterziehen sich einer Schocktherapie oder ist Ihnen jedes Mittel willkommen, das Ihnen Hilfe verspricht, auch wenn Ihr Leiden nicht organisch bedingt sein sollte. Oder Sie geben auf, überwinden nicht mehr, lassen sich gehen oder werden wütend und werden auf diese Weise nicht gesegnet. Viele Christen sind Drückeberger. Oder Sie geben in der Anfechtung nach und lassen sich von einer Versuchung überwältigen. Vielleicht geben Sie sich mit weniger zufrieden, als Gott Ihnen geben möchte. Oder Sie suchen nach Lösungen, die Ihren Glauben schwächen, anstatt ihn zu stärken. Vielleicht gehen Sie der Anfechtung ganz aus dem Weg, indem Sie nicht bereit sind, Ihre Verantwortung wahrzunehmen.

Das vollkommene Werk des Ausharrens verändert und stärkt Sie; an Ihrer Situation aber ändert sich nichts. Durch die Anfechtung möchte Gott Sie vor allem in eine tiefere Beziehung mit sich bringen. Eine Anfechtung abzukürzen, bedeutet demnach, die Züchtigung Gottes abzuschwächen, die wir jedoch nötig haben, um eine vollständige Person zu werden. Sie können die Anfechtung mit Freude ertragen, wenn Ihnen bewusst ist, dass Gott an Ihnen wirkt und dabei ist, Sie zu jener vollständigen Person zu formen, die ausharren kann und Gott besser kennt.

Der Psalmist verstand diese Zusammenhänge und schrieb: *«Ehe ich gedemütigt wurde, irrte ich; nun aber halte ich dein Wort»* (Ps. 119,67). Wie Jakobus hatte er erkannt, dass Anfechtungen sein geistliches Leben stärkten. Der Psalmist war durch die richtige Einstellung und das richtige Verhalten in Anfechtungen fähig, Gottes Gebot neu zu befolgen. Er fasst dies in folgenden Worten zusammen: *«Es ist gut für mich, dass du mich gedemütigt hast, damit ich deine Gebote lerne»* (V. 71).

Weshalb sollten nicht auch Sie sich vornehmen, Anfechtungen, denen Sie begegnen, bewusst als lauter Freude zu erachten? *Wenn* Sie es tun, werden Sie merken, wie dies der Sache ein ganz anderes Gesicht gibt.

3. Sie können Versuchungen widerstehen

«Ich hab es wieder getan! Ich hatte mir zwar vorgenommen, der Versuchung zu widerstehen, aber schon bei der ersten Gelegenheit strauchelte ich und fiel! Ich muss gestehen, alles sah viel verlockender aus als jetzt, und so liess ich mich täuschen. Etwas stimmt doch nicht mit mir. Muss ich denn immer wieder in die gleiche Sünde fallen und darüber Busse tun? Gibt es keinen Ausweg aus diesem Teufelskreis? Wieso geht es mit mir nie vorwärts? Gibt es überhaupt Hoffnung für mich?»

Dies waren Phyllis' Worte bei einem Gespräch mit ihrem Seelsorger. Ihr Problem war, dass sie immer zu viel Geld ausgab. Es hätten auch Marks Worte sein können, der beständig gegen die Versuchung ankämpfte, pornografische Filme am Fernsehen oder auf Video anzuschauen.

Vielleicht haben auch Sie schon solche Worte ausgesprochen, als Sie an sich selbst verzweifelten. Ja, vielleicht entsprechen Phyllis' Worte sogar Ihrer jetzigen Situation. Lassen Sie mich deshalb gleich von Anfang an folgendes festhalten: Es gibt eine Hoffnung! Jakobus kennt Ihr Problem und beschreibt, welche Kräfte bei einer Versuchung in Ihnen wirksam sind, und er sagt Ihnen auch, was Sie dagegen tun können.

«Niemand sage, wenn er versucht wird: Ich werde von Gott versucht. Denn Gott kann nicht versucht werden vom Bösen, er selbst aber versucht niemand. Ein jeder aber wird versucht, wenn er von seiner eigenen Lust fortgezogen und gelockt wird. Danach, wenn die Lust empfangen hat, gebiert sie Sünde; die Sünde aber, wenn sie vollendet ist, gebiert den Tod. Irret euch nicht, meine geliebten Brüder!» (Jak. 1,13–16).

Anfechtung und Versuchung

Da die zwei Begriffe *Anfechtung* und *Versuchung* zu Verwirrung Anlass geben könnten, unterscheidet Jakobus die beiden

Wörter. Gott versucht Seine Kinder nicht, aber Er lässt sie durch Anfechtungen gehen, um sie zu festigen und zu vervollständigen. Diese Unterscheidung ist interessant, vor allem im Urtext, da dort das gleiche Wort für beide Ausdrücke gebraucht wird.[7] Tatsächlich leitet sich die Bedeutung des Wortes aus dem Zusammenhang ab. Dies ist an sich schon bemerkenswert: Man kann also ein und dieselbe Erfahrung vom einen oder anderen Gesichtspunkt aus betrachten. Genau das ist es, worauf Jakobus hinauswill; nämlich, dass ein Ereignis den einen oder anderen Verlauf nehmen kann. Entweder entwickelt es sich zu einer Anfechtung, durch die Sie gestärkt werden, oder aber zu einer Versuchung, die Sie schwächt – je nachdem, wie Sie darauf reagieren.

Hätte Phyllis der Versuchung, etwas Unnötiges zu kaufen, widerstanden, und hätte Mark keine unzüchtigen Dinge angeschaut, so hätte dies ihren Glauben gestärkt. Leider versagten sie, und so trat das Gegenteil ein: Ihr Glaube wurde weiter geschwächt. Ihre Reaktion ist entscheidend, ob ein Ereignis für Sie zu einer Anfechtung oder zu einer Versuchung wird.

Von Gottes Gesichtspunkt aus gesehen dient das Ganze zu Ihrem Nutzen; ist es eine Gelegenheit für Sie, in der Anfechtung gestärkt zu werden. Von Satans Gesichtspunkt aus gesehen ergibt sich daraus die Möglichkeit, Sie zum Bösen zu verführen und Sie damit im Glauben zu schwächen. In jeder Anfechtung sollten Sie sich der beiden Möglichkeiten bewusst sein.

Viele Christen kommen leider nie zu dieser Erkenntnis. Sie deuten jedes Ereignis als eine Versuchung und verpassen damit eine Gelegenheit zum inneren Wachstum. Sie erleben dann Niederlage und Enttäuschungen, was zum Teil auch erklärt, warum sie nicht überwinden können. Folglich sollte man als Erstes erkennen, dass jedes Ereignis zum Guten dienen kann, auch wenn es uns vorerst als Versuchung erscheint.

Andere Christen hingegen sehen nur immer das Positive. Dabei laufen sie Gefahr, eine Anfechtung auf die leichte Schulter zu nehmen, und sehen die Fallstricke nicht, die Satan ihnen gelegt hat und in die sie dann auch prompt hineingeraten. Wenn man nur eine der beiden Möglichkeiten kennt, kann man leicht Schiffbruch erleiden.

Warum erwähnt Jakobus dieses Thema? Er hat zuerst über Anfechtungen geschrieben und dabei sein Anliegen formuliert, den Gläubigen zu helfen, vollständige Menschen zu werden. Wenn man nun einer Versuchung nachgibt, so wird der Wachstums- und Reifeprozess entscheidend erschwert. Um dies zu vermeiden, müssen Sie lernen, Versuchungen zu erkennen und zu widerstehen.

Wen trifft die Schuld?

Zweifellos gelingt es nicht jedem Gläubigen, einer Versuchung richtig zu begegnen. Jakobus sagt dazu sinngemäss: «Wenn du während einer Anfechtung in Sünde fällst, so ist nicht Gott daran schuld. Er liess die Anfechtung zu deinem Nutzen zu; du hast dich falsch verhalten. Es ist deine Schuld, wenn du der Versuchung nachgibst. Gott kann gar nicht zur Sünde versucht werden, und Er versucht auch dich nicht, damit du sündigst. Jede Schwierigkeit, die auf dich zukommt, ist wie eine Mauer mit zwei Türen. Auf der einen steht *Der göttliche Weg zum Sieg,* auf der anderen steht *Der teuflische Weg zur Niederlage.* Dass du die falsche Tür geöffnet hast, ist nicht Gottes Schuld, sondern deine.»

Dementsprechend fährt Jakobus fort und erklärt: «Was dich dazu gebracht hat, die Schwierigkeit zu einer Versuchung werden zu lassen, ist nicht eine äussere Macht, die irgendwie in dich gefahren wäre, sondern es ist deine eigene Lust. Das ist dein Hauptproblem.»

Das Problem liegt nicht bei Gott; es liegt auch nicht am Ereignis selbst; das Problem liegt bei Ihnen. Sie sehen das Ereignis als eine Gelegenheit, um irgendeine Lust zu befriedigen. Das Ereignis an sich kann sündhaft oder harmlos sein. Aber auch etwas Harmloses kann zur Sünde werden, wenn man es missbraucht oder zum falschen Zeitpunkt gebraucht. So wie es Jakobus formuliert, sind Sie es selbst, der sich zur Sünde verleiten lässt. Sie ermöglichen die Versuchung dadurch, dass Sie einem äusseren Ereignis gestatten, in Ihnen Gelüste hervorzurufen.

Der Köder, den Sie angeblich im Wasser schwimmen sahen, war nur eine Spiegelung Ihrer eigenen Begierden. Schon Jesus wies darauf hin, dass nur ein «böses Auge», ein Auge, das nicht «klar und einfältig» ist, die Finsternis dem Licht vorzieht (Matth. 6,22 + 23). Eine Sache oder Person wird erst dann zum Köder, wenn Sie sich ködern lassen. Keine noch so schöne Frau wird zu einer Versuchung, wenn Ihr Herz rein ist. Schnaps ist kein Problem, wenn Sie sich nicht gelüsten lassen. Die Schuld liegt immer bei Ihnen, nie bei Gott. Jakobus bringt nicht einmal Satan ins Spiel. Für Ihre Sünde tragen *Sie* die ganze Verantwortung; niemand anders können Sie die Schuld zuschieben.

Schuldzuweisung ist seit den Vorkommnissen im Garten Eden ein Problem. Adam schob die Schuld für seine Sünde seiner Frau und Gott selbst zu; Eva wiederum gab der Schlange die Schuld. Gott hingegen sprach alle drei schuldig – jeder für seine eigene Sünde. Heute noch klagen sich Eheleute gegenseitig an. Gott lässt uns durch Jakobus sagen: *«Ein jeder aber wird versucht, wenn er von seiner eigenen Lust gelockt wird»* (1,14). In jedem einzelnen Fall liegt die Verantwortung auf Ihnen ganz persönlich. Ihre eigene Lust veranlasst Sie, eine andere Person zu begehren. Sie begehen in Ihrem Herzen eine Sünde, wenn Sie sich, anstelle der Gebote Gottes, von Ihren Wünschen und Begierden leiten lassen.

Wissen hilft

«Wenn ich das nur gewusst hätte!» Wie oft hört man Christen diese Worte aussprechen, nachdem sie gesündigt haben. Nun, da ist schon etwas Wahres dran. Wissen hilft tatsächlich. Das ist keine billige Entschuldigung, sondern ein weiterer Grund, weshalb Gott Ihnen einen Blick hinter die Kulissen gewährt. Sie sollen die inneren Prinzipien und Kräfte kennen. Gott will nicht nur, dass Sie über die Frage der Verantwortlichkeit Klarheit bekommen, sondern Er möchte Ihnen auch die inneren

Zusammenhänge aufzeigen. Wenn Sie dann nämlich wissen, was vor sich geht, können Sie auch Massnahmen ergreifen und allem widerstehen, was eine Anfechtung zur Sünde werden lässt. Wissen hilft; es ist wichtig, jedoch nicht ausreichend. Ohne Gehorsam, oder wie es Jakobus ausdrückt, ohne Werke, ist auch der bestinformierte Glaube tot.

Der Vorgang

Der ganze Vorgang wird von Jakobus mit «gereizt und gelockt werden» oder «geködert und fortgezogen werden» beschrieben. Wie man dies auch übersetzt, es drängt sich augenfällig der Vergleich mit einem Fisch auf, der durch den Köder vom Fischer an Land gezogen wird. Der Christ, der sündigt, wird von seiner eigenen Lust weggelockt. Danach führt die Lust, der man nachgegeben hat, zur Sünde (V. 15). Sie sollten sich demnach Ihrer Verantwortung bewusst sein, den Vorgang, der zur Versuchung führte, verstehen lernen und geeignete Massnahmen dagegen treffen.

Vom Köder des Fischers geht Jakobus zu einer anderen Verlockung über. Er erwähnt den Ehebruch. Den Vergleich mit dem Fisch verlassend, beschreibt er nun die Entwicklung der Sünde als einen Stammbaum, bei dem das Enkelkind der Lust der Tod ist. Wir können sicher verstehen, dass Sünde den Tod gebiert, denn von Anfang an war der Tod die Frucht der Sünde. Wie der Fisch vom Köder angezogen wird, so werden auch wir von der Lust angezogen. Willigt man dann in Gedanken zur Sünde mit ihr ein, so sind Ihre Gefühle und Ihr Wille übereingekommen, zu sündigen. Dabei sündigen Sie im Herzen. Dies ist aber nichts anderes als Untreue gegen Gott – man findet Gefallen daran, etwas zu tun, was Gott verbietet.

Hat man dieser verbotenen, sündigen Lust innerlich lange genug gefrönt, kommt es zur äusseren, sündigen Handlung. Dieses Empfangen der Lust gebiert die Sünde. Schliesslich, wenn sich die Sünde voll entfalten kann – d. h. wenn sie Bestandteil meines täglichen Lebens geworden ist (diese Art von Sünde kennzeichnet eigentlich das Leben eines Ungläubigen, der sich nie bekehrt hat) – wird sie zum Tod führen (Röm. 6,23). Hort erklärt dies folgendermassen:

«Der zweifache Vergleich dient zur Unterscheidung zwischen dem Nachgeben des Willens (des Menschen) auf die Verlockung der Lust und der daraus folgenden, sündigen Tat, die entweder sofort oder zu einem späteren Zeitpunkt geschieht.»[8]

Gott nimmt sich die Mühe, den ganzen Ablauf einer Versuchung vom Anfang bis zum Ende zu beschreiben, da sich die Entwicklung auf verschiedenen Ebenen abspielt. Dies bedeutet aber, dass dem Vorgang ein Ende bereitet werden kann. Genauso wie Ihnen die Segnungen aus einer Anfechtung entgehen können, weil Sie in der Anfechtung nicht ausgeharrt haben, so können Sie auch dem Lebenszyklus einer Sünde auf jeder Stufe ein Ende bereiten.

Wir wollen nun jede Stufe einzeln betrachten.

Stufe 1:

LUST (im Herzen). Sie werden mit einem Ereignis konfrontiert. Sofort regt sich in Ihnen ein sündhaftes Verlangen. Sie merken es und könnten, indem Sie bewusst an etwas anderes denken (Phil. 4,8), dem ein Ende bereiten, bevor Sie im Herzen sündigen. Sie tun es aber nicht. Im Gegenteil, Sie liebäugeln mit der Möglichkeit, zu sündigen. In Gedanken willigen Sie in die Sünde ein; Ihre Gedanken gehen sozusagen mit der Lust ins Bett. So kommt es zur Sünde im Herzen. Dieser ganze Vorgang war auch schon dem Schreiber der Sprüche bekannt, als er nämlich vor der Ehebrecherin warnte: «Begehre nicht in deinem Herzen ihre Schönheit.»

Stufe 2:

EMPFÄNGNIS (im Herzen). Wenn diese «Bettbeziehung» andauert, kommt es zur Empfängnis der Tatsünde. Das heisst, Sie beginnen, die Ausführung der Sünde zu planen, und begnügen sich nicht mehr damit, ihr nur im Herzen zu frönen. Aber auch jetzt können Sie dem ganzen Vorgang ein Ende bereiten, indem Sie diese Pläne von sich weisen, über Ihre innere Zustimmung Busse tun und dafür etwas Gutes in Angriff nehmen.

Stufe 3:
GEBÄREN (der Sünde; Übertretungen). Tatsünden können vermieden werden durch radikale Massnahmen (vgl. Matth. 5,28 ff.). Sie können vor sündigen Taten (Übertretungen) bewahrt werden, wenn Sie bereit sind, alles «abzuhauen» oder zu entfernen, was das Sündigen erleichtert. Dies führt a) zu einem Bewusstsein der Gefahr; hat man die Dinge entfernt, die die Sünde förderten, so ist es unmöglich, unbewusste oder zufällige Sünden zu begehen; und b) zu Voraussetzungen, die es erschweren, wieder auf die gleiche Art und Weise zu sündigen. Dabei muss man sich aber Hindernisse in den Weg stellen.[9]

Stufe 4:
TOD. Ist es nicht seltsam, den Tod im Zusammenhang mit «Gebären» zu erwähnen? Und doch verwendet Jakobus genau diesen kühnen Vergleich. Für den Gläubigen jedoch hat der ewige Tod seinen Stachel verloren. An dessen Stelle ist die neue Schöpfung getreten. Die neue Natur kann nicht sündigen, und so wird auch der Gläubige nicht in der Sünde verharren, sondern Busse tun (1. Joh. 3,9 + 10). Christus hat alle Verbindungen mit dem Tod zunichte gemacht.

Zusammenfassend kann gesagt werden, dass die Lust durch ein äusseres Ereignis geweckt wird, woraus dann eine Versuchung entsteht. Die beiden treffen sich, auf Drängen der Lust kommt es zu einer Beziehung, und so zeugen sie die Übertretung. Für den Gläubigen hat dies zeitliche Folgen, für den Ungläubigen ewige.

Lust und Empfängnis

Jeder Christ kann der Sünde widerstehen. Die beste Gelegenheit dazu hat er, bevor es zur Empfängnis im Herzen kommt. Was sich im Herzen abspielt, wissen nur Sie und Gott. Wenn Sie nun verstehen, wie und wodurch die Lust in Ihnen geweckt wird, und Sie sich weigern, ihr nachzugeben, so werden Sie dem Vorgang, der zur Sünde führt, ein Ende bereiten, bevor er überhaupt richtig begonnen hat. Um aber jeden Selbstbetrug zu vermeiden, müssen Sie wissen, für welche Versuchungen Sie besonders anfällig sind. Denken Sie an die letzten Worte des Jakobus zu diesem Thema: «Irret euch nicht!» Welches sind die Dinge, die Sie zum Selbstbetrug verleiten?

Die Lust in Ihnen wird durch die Ich-Welle, Fernsehwerbung und andere Anzeigen angestachelt und drängt Sie: «Komm, tu es; du hast es verdient!» Dabei sollten Sie nicht vergessen, dass Sie streng genommen gar nichts verdient haben, denn alles Gute, das Sie haben oder besitzen werden, kommt von Gott. Etwas *verdient haben* kommt nur im Zusammenhang mit Verdammnis, nie mit Segen, vor. Jeder Mensch *verdient* die Hölle; einzig wegen der Gnade Gottes kommt der Gläubige in den Himmel. Gnade bedeutet, dass Sie in den Himmel kommen, *obwohl* Sie etwas anderes verdient haben.

Die Lust versucht Sie zu ködern, indem sie Ihnen auch vorgibt, Sie hätten verbotenene Dinge echt *nötig*. Die Schrift sagt uns aber, dass unsere Bedürfnisse nicht sehr zahlreich sind: *«Wenn wir aber Nahrung und Kleidung haben, so wollen wir uns daran genügen lassen»* (1. Tim. 6,8). Jesus ging noch weiter und sagte zu Martha: *«Eines nur ist nötig»* – nämlich das Wort des Christus (Luk. 10,42, Menge-Übersetzung).

Früher sagte man: «Ich brauche einen Löffel zum Essen und eine Axt fürs Holz.» Damit meinte man alltägliche Bedürfnisse und nicht absolut feststehende Tatsachen. So gesehen ist es berechtigt, von Bedürfnissen zu sprechen. Die Lebensumstände bestimmten die Bedürfnisse. Heute hingegen hört man die Leute sagen: «Ich muss dies und das unbedingt tun.» Diese so genannten inneren Bedürfnisse werden zu absoluten Notwendigkeiten erhoben. Wenn man ein Bedürfnis verspürt, so *muss* man es unter allen Umständen befriedigen, und es wäre falsch, darauf zu verzichten. Diese humanistische Philosophie behauptet, dass der Mensch ein Geschöpf voller Bedürfnisse sei, und dass diese Bedürfnisse befriedigt werden müssten, ansonsten er nicht richtig funktioniere (Christen meinen, «richtig funktionieren» bedeute, man gehorche darin Gott). Diese philosophische Formulierung, die das einfache «Ich brauche …» zu ersetzen scheint, wird zur Rechtfertigung von allerlei Sünden herangezogen.

Wenn Sie das Wort *Bedürfnis* jedes Mal durch *Lust* ersetzen, so kommen Sie der Wahrheit schon viel näher. Mark hatte es nicht «unbedingt nötig, pornografisches Material anzuschauen», es gelüstete ihn danach. Phyllis «hatte kein Bedürfnis, zu viel Geld auszugeben», sie wollte es ganz einfach. Als sie ihrer Lust nachgaben, kam es in beiden Fällen zur Sünde. Im Gegensatz zu den Aussagen des Jakobus entbindet die neue philosophische Formulierung von der Verantwortung. Wenn man Gelüste als Bedürfnisse betrachtet, kann man ihnen auch weniger widerstehen. Deshalb ist es gerade in unserer Zeit, in der so viele falsche Vorstellungen über die seelischen Zusammenhänge und inneren Kräfte des Menschen verbreitet werden, so wichtig zu verstehen, dass es Gelüste sind und nicht innere Bedürfnisse, die zu einem sündhaften Benehmen führen.

Viele Psychologen betonen die Gefühle und richten sich auch danach, wobei sie dann ihre Slogans, z. B. «Gefällt es dir, dann tu es doch», hinten auf ihren Wagen kleben. Wer diesem Rat folgt, läuft einer Versuchung direkt in die Arme. Jakobus warnt uns davor, weil die Lust immer über die Gefühle kommt. Lust ist nicht von vornherein falsch, aber sie darf nie die Bibel als Massstab ersetzen. Jedes Mal, wenn es zu einem Konflikt zwischen den beiden kommt, muss der Gehorsam zum Wort Gottes der Lust vorgezogen werden.

Jesus hatte keine sündigen Gelüste. Die Anfechtungen traten von aussen an Ihn heran. In diesem Punkt unterscheiden wir uns von Ihm. Aber Jesus als Mensch kannte Verlangen. Die Anfechtung bei Ihnen wie auch bei Ihm besteht darin, einem berechtigten Verlangen oder Gelüst zum falschen Zeitpunkt, auf falsche Art oder in falscher Absicht nachzugeben. Genau darauf hatte es Satan abgesehen (Matth. 4,1 ff.). Christus wurde von einem andern versucht, aber die Versuchung zielte auf Sein inneres Verlangen. Unsere Versuchungen treten von innen und aussen an uns heran. Wir können ihnen aber, wie Jesus, mit einem Mittel widerstehen: mit dem passenden Wort aus der Schrift, wobei wir dann dem Gebot Folge leisten und nicht dem Gelüst. Werden Sie versucht, einer Person mit sexuellen Begierden nachzuschauen, dann erinnern Sie sich an das Wort: *«Du sollst nicht ehebrechen»* (2. Mose 20,14). *«Denn eine Leuchte ist das Gebot und die Weisung ein Licht, und ein Weg zum Leben sind Ermahnungen der Zucht, um dich zu bewahren vor der Frau des Nächsten, vor der glatten Zunge der Fremden»* (Spr. 6,23 + 24). Hier wird deutlich gesagt, dass die Schrift eine Hilfe zur Abwehr von sexuellen Versuchungen ist. Wenn Sie zornig werden und sich rächen möchten, dann denken Sie an Röm. 12,19: *«Rächt euch nicht selbst, sondern gebet Raum dem Zorn; ... Mein ist die Rache; ich will vergelten, spricht der Herr.»*

Sündige Taten

Bei der dritten Stufe im Zusammenhang mit der Sünde handelt es sich um Äusserungen in Worten und Taten. Auch wenn Sie im Herzen sündigen, heisst das noch nicht, dass es zu einer sündigen Handlung kommen muss. Natürlich sind sowohl die innere Zustimmung wie auch die Tat nach aussen in Gottes Augen Sünde. Beides ist gleich schlimm, obschon eine sündige Tat in den Augen der Menschen schlimmer ist. Sicher ist es besser für Ihren Nächsten, wenn Sie ihn nur im Herzen hassen, als dass Sie ihm auch noch eine Kugel durch den Kopf schiessen! Solange Sie nur im Herzen gesündigt haben, können Sie darüber Busse tun und dem ganzen Vorgang ein Ende bereiten. Tun Sie dies aber nicht und begehen Sie zusätzlich zur Sünde im Herzen noch eine Tatsünde, dann haben Sie vor Gott Ihre Sünde verdoppelt und sich vor den Menschen in eine viel schwierigere Situation gebracht.

Wenn Sie eine Sünde im Herzen bereuen (z. B. Rachegedanken), dann müssen Sie Gott um Vergebung bitten. Wenn Sie eine sündige Tat begehen (sich an jemandem in Worten oder Taten rächen), dann müssen Sie beide, Gott und Ihr Opfer, um Vergebung bitten.

Wenn Sie über Ihre Sünde im Herzen wirklich Busse tun, dann beugen Sie damit einer Tatsünde vor. Echte Busse schliesst einerseits vorbeugende Massnahmen ein, um damit alle Dinge, die zukünftigen Sünden förderlich sind, auszuschalten, und andererseits wird man sich Dinge zu tun vornehmen, die auch in den Augen der Menschen löblich sind (Röm. 12,17). Wenn man Busse tut, sollte man ebenfalls bereit sein, alles zu tun und zu sagen, was Gott in dieser Situation von einem verlangt.

Augustin sagte: «Oder sollte der Versucher dir eine Frau von überragender Schönheit vorführen, dann wird, so im Inneren Keuschheit regiert, die von aussen andringende Sünde überwunden. Damit er dich also nicht mit dem Köder der Schönheit einer fremden Frau fange, erkläre der eigenen Begierde in deinem Inneren den Krieg. Du verfügst über keine physische Wahrnehmungen des Feindes, über deine eigene Begierde aber wohl. Du siehst den Teufel nicht, aber den Gegenstand, den er verwendet, siehst du. Gewinne also die Beherrschung über die Regungen, die du in deinem Inneren wahrnimmst. Kämpfe tapfer, denn der dich wiedergezeugt hat, ist dein Richter. Er hat dir die Krone bereitet. Weil du aber gewiss unterliegen wirst, wenn du nicht ihn als Helfer hast, und wenn du auf dich allein geworfen bist, bete: *«Führe uns nicht in Versuchung.»*[10] Augustin hat dies sehr treffend ausgedrückt. Im selben Abschnitt fährt er fort und schreibt:

«Ich weiss, dass du mich noch nicht verstanden hast. Schenke mir deine Aufmerksamkeit, damit du verstehen möchtest. Nehmen wir an, Geiz versucht einen Mann, und er erliegt einer bestimmten Versuchung (denn zuweilen muss auch ein guter Ringer und Faustkämpfer Schläge einstecken): Geiz hat dann den Mann, ein so fähiger Ringer er sonst ist, überwunden, und er hat eine geizige Tat vollbracht. Oder jemand ist von einer vorübergehenden Lust befallen worden; diese hat noch nicht zur unzüchtigen Handlung geführt ... aber er hat eine Frau angeschaut, «ihrer zu begehren», er hat seine Gedanken mit mehr Wonne, als es sich geziemt, bei ihr verweilen lassen. Er hat, obwohl er ein ausgezeichneter

Kämpfer ist, den Angriff zugelassen, er ist verwundet worden, aber er hat der Versuchung zur sündigen Tat noch nicht nachgegeben. Er hat seine begehrlichen Gefühle zurückgedrängt, hat sie mit bitterer Trauer gestraft. Dennoch, die blosse Tatsache, dass er ausgeglitten war, ist Grund genug zu bitten: «Vergib uns unsere Schulden.»[11]

In diesen Zitaten beschreibt Augustin in sehr bildhafter Sprache den inneren und äusseren Aspekt der Sünde. Mit eindrucksvollen Worten schildert er den Kampf um die Beherrschung der eigenen Gelüste, nach der man trachtet. Er weist mit Nachdruck darauf hin, dass Sie in dieser Auseinandersetzung allein nicht siegreich bleiben können; Sie müssen die Hilfe des Heiligen Geistes in Anspruch nehmen, um gegen die Versuchung bestehen zu können. Der Kampf gegen die eigenen Gelüste ist sehr wichtig. Diese innere Auseinandersetzung verlangt ein «heldenhaftes» Kämpfen, wie er sich ausdrückt. Viel zu oft unterliegen Christen dem Irrtum, dass ein passiver Glaube oder ein Anerkennen von Christi Sieg, durch welchen auch wir in die Stellung von Siegern versetzt werden, genüge. Ein solches Stillhalten hat schon viele Gläubige verzweifeln lassen. Wir sind zu Taten aufgerufen, auch wenn wir sie nicht in eigener Kraft vollbringen. Wir sollen die Gebote des Herrn halten, wobei der innewohnende Geist Gottes uns die Kraft und Weisheit dazu gibt. Er erleuchtet unsere Herzen und gibt uns ein rechtes Verständnis der Bibel, wodurch wir der Versuchung siegreich widerstehen können.

Schlussfolgerungen

Es ist im Allgemeinen für den Gläubigen hilfreich, sich die Sünde als ein stufenweiser Vorgang vorzustellen, wobei dem ganzen Vorgang auf jeder Stufe ein Ende bereitet werden kann. Gott selbst hat in Christus für den Gläubigen den ewigen Tod schon zunichte gemacht. Wir müssen unsere Aufmerksamkeit auf die erste, zweite und dritte Stufe richten. Sie können einem sündhaften Verlangen mit der Bibel widerstehen, bevor es zu einer Sünde im Herzen kommt, wie Jesus es auch tat. Eine Tatsünde kann vermieden werden, auch wenn Sie im Herzen schon gesündigt und die Ausführung der Tatsünde geplant haben. Sie müssen davon umkehren und alles wegschaffen oder meiden, was Sie in Versuchung bringt. Wir lernen aus all diesen Dingen, dass Gott jeden persönlich verantwortlich macht für seine Gedanken, Vorstellungen, Taten und Worte und dass Er keine Schuldzuweisung auf andere zulassen wird.

Haben Sie bis jetzt noch einer inneren Sünde im Herzen gefrönt? Sind Sie sich im Klaren darüber, dass diese innere Zustimmung, wenn Sie darüber nicht Busse tun, eines Tages eine sündige Tat nach sich ziehen wird? Erkennen Sie denn nicht, dass dieses innere Spielen mit der Sünde Gott zuwider ist? Kein Mensch weiss, was in Ihnen vorgeht (Ps. 44,22), aber Gott weiss es. Er wird deswegen auch der «Herzenskenner aller» genannt (Apg. 1,24), und Ihn geht das alles etwas an.

Lieber Mitchrist, widerstehen Sie der Sünde gleich am Anfang. Machen Sie den Sünden des Herzens ein Ende, bevor sie Tatsünden gebären. Augustin macht uns mit folgenden Worten Mut: «Bitte Gott, dass er dir hilft, dich selbst zu besiegen … nicht den Feind von aussen, sondern dein eigenes Inneres … Fürchte keinen Feind von aussen; bezwinge dich selbst, und die ganze Welt ist bezwungen.»[12]

4. Sie können Ihre Zweifel bezwingen

Jakobus bringt nun ein kompliziertes Problem zur Sprache. In einer Hinsicht können alle unsere Wachstumsschwierigkeiten im geistlichen Bereich in zwei Gruppen unterteilt werden: *Hauptprobleme* und *komplizierte Probleme.* Ein Hauptproblem ist das, womit man am meisten Schwierigkeiten hat. Ein kompliziertes Problem ist, da es oft mit dem Hauptproblem verbunden ist, viel schwieriger zu lösen. Es macht deshalb die ganze Sache viel «komplizierter», sodass es oft unmöglich ist, das Hauptproblem zu lösen, ohne zuvor das komplizierte Problem gelöst zu haben (oder es zumindest gleichzeitig mit dem Hauptproblem zu lösen versuchen). Dabei kann, was für die eine Person das Hauptproblem ist, für die andere das komplizierte Problem sein.

Ein Mangel an Disziplin ist z. B. ein typisches kompliziertes Problem. Es verunmöglicht Ihnen in fast allen Bereichen Ihres Lebens, gesunde geistliche, gottgewollte Prinzipien zu entwickeln. Das kommt daher, dass *Regelmässigkeit* und *Beständigkeit* (die zwei Hauptmerkmale der Disziplin) unbedingt notwendig sind, um sündige Gewohnheiten durch biblische Gewohnheiten zu ersetzen. Ein Mangel an Disziplin kann Ihre Bemühungen, Ihre Gedanken zu beherrschen, zunichte machen – was wiederum ein entscheidender Punkt bei Versuchungen ist, wie wir soeben gesehen haben.

Zweifel können auch zu einem komplizierten Problem werden. Der Grund, weshalb ich dies betone, ist der, dass Jakobus Zweifel als ein kompliziertes Problem schildert. Er sagt, dass wenn Ihnen an Weisheit mangelt (das Hauptproblem), Sie beten sollen; wenn Sie aber wankelmütig sind, dann können Sie von Gott keine Erhörung Ihres Gebets erwarten. Um die fehlende Weisheit zu erhalten, muss man zuerst alle Zweifel beim Beten beseitigen. Bevor man etwas von Gott erwarten kann, muss man seinen Wankelmut ablegen.

Nun kann natürlich ein kompliziertes Problem zum Hauptproblem werden; es kann vorkommen, dass man während einiger Zeit nur dieses eine Problem hat. Dabei bleibt es jedoch meistens nicht, denn es liegt in der Natur eines komplizierten Problems, dass daraus dann weitere Schwierigkeiten entstehen. Ihr ganzes Leben kann davon so beeinflusst werden, dass auch jegliches Wachstum im geistlichen Bereich zum Stillstand gebracht wird. Wie ein steckengebliebener Lastwagen, der auf der Autobahn den ganzen Verkehr aufhält, weggeschafft werden muss, so muss auch das komplizierte Problem gelöst werden.

Jakobus zieht aus der Tatsache, dass Zweifel den Zugang zur Weisheit versperren, folgenden Schluss: «Wenn du wankelmütig bist, kannst du von Gott nichts erwarten.» Zweifel verderben alles, denn sie bewirken einen Bruch in der Beziehung zwischen Gott und Ihnen. Überdies wirken sie sich schädlich auf Ihr ganzes Leben aus, und infolgedessen werden Sie zu einer labilen, unbeständigen Person. Darum ist es so wichtig, dass Sie ein kompliziertes Problem nicht unterschätzen – weil es ja nur zweitrangig ist – sondern es sollte allererste Priorität haben, da es jeglichem Wachstum im Wege steht und schweren Schaden anrichten kann. Jakobus schreibt dazu:

«Wenn aber jemand von euch Weisheit mangelt, so bitte er Gott, der allen ohne weiteres und ohne Vorwürfe gibt, und sie wird ihm gegeben werden. Er bitte aber im Glauben, ohne zu zweifeln; denn der Zweifler gleicht einer Meereswoge, die vom Wind bewegt und hin und her getrieben wird. Denn jener Mensch denke nicht, dass er etwas von dem Herrn empfangen werde, ist er doch ein wankelmütiger Mann, unbeständig in allen seinen Wegen» (Jak. 1,5–8).

Zweifel und Wankelmut

Ich weiss nicht, wie sehr Zweifel für Sie ein Problem darstellen. Jakobus war sich über deren Wichtigkeit im Klaren und behandelt dieses Problem in seinem Brief an zwei Stellen. Ein Zweifler wird als «wankelmütig» (V. 8; wörtlich «von geteilter Seele») bezeichnet. Ein wankelmütiger Mensch ist genau das Gegenteil von einem *vollständigen* Menschen, den Gott aus Ihnen machen möchte. Jakobus sieht Zweifel als einen tiefen Graben, der sich durch die Seele zieht. Der *teleios* Mensch ist offen, echt, vollständig, seelisch gesund. Der wankelmütige Mensch hingegen liegt im Widerstreit mit sich selbst. Er ändert seine Meinung von einem Tag zum anderen. Er kann sich nie zu einem Entschluss durchringen, sondern er ist beständig am Überlegen und Abwägen. Er schwankt zwischen zwei Meinungen hin und her, «hinkt nach beiden Seiten» (1. Kön. 18,21). Er wird keine klare Stellung einnehmen, sich zu jemandem oder einer Sache bekennen und dazu stehen können.

Bei einem Basketballspiel jubelte ein Mann in den hinteren Reihen jedes Mal lautstark, wenn eine Mannschaft einen Gewinnpunkt machte oder sonst gut spielte. Er jubelte aber genau gleich laut, wenn sich die andere Mannschaft einen Punkt holte. Während der siebten Spielzeit drehte sich eine Frau vor ihm um und sagte: «Ich möchte nicht neugierig sein, Sir, aber mich würde doch interessieren, weshalb Sie sich für jede der zwei Mannschaften genau gleich lautstark einsetzen?»

«Nun, ich kann es Ihnen erklären», erwiderte der Mann, «ich bin Farmer, wohne weit draussen in der Prärie und kann nur einmal im Jahr einem Spiel beiwohnen. Bei diesem einen Spiel will ich dann unbedingt auf der Seite des Siegers sein!»

Es gibt viele solche Menschen, die auf zwei Hochzeiten tanzen. Sie kennen keine Treue und richten sich nach dem Wind. Sie schwanken zwischen Gehorsam dem Herrn gegenüber und Festhalten an Gewohnheitssünden. Sie verbringen viel Zeit mit Selbstgesprächen. Könnte man ihnen zuhören (was Gott ja kann), würde man folgendes Gespräch vernehmen: *«Soll ich mich von Wilbur scheiden lassen, auch aus unbiblischen Gründen, oder lieber nicht? Wird mich Gott dafür strafen, wenn ich es doch tue? ... Meint es Gott wirklich ernst mit der Gemeindezucht? Muss ich tatsächlich diese unangenehme Angelegenheit mit Mary in Ordnung bringen, oder wäre es nicht einfacher, die Gemeinde zu verlassen und woanders hinzugehen? ... Vielleicht ist die Homosexualität gar keine wirkliche Sünde – auch wenn es in der Bibel anders steht. Hat die Bibel die Antwort auf die Probleme, die ich mit mir selbst habe, wie es Paulus im 2. Timotheusbrief 3,15–17 anzudeuten scheint, oder sollte ich nicht doch einen Psychotherapeuten um Rat fragen?»*

Jakobus stellt den wankelmütigen Menschen als jemanden dar, der innerlich unruhig und unbeständig ist; eine Unbeständigkeit, die nach und nach jeden Bereich des Lebens erfasst. Bevor wir aber die Folgen der Unbeständigkeit untersuchen, wollen wir die innere Unruhe genauer betrachten. Jakobus schildert uns diese innere Unruhe als einen qualvollen, frustrierenden Zustand. Hier nun seine eindrücklichen Worte über den Zweifler:

«Der Zweifler gleicht einer Meereswoge, die vom Wind bewegt und hin und her getrieben wird» (Jak. 1,6).

Die Meereswoge ist ein passender Vergleich. Was könnte denn unbeständiger sein als eine Welle? Grösse und Form einer Welle ändern sich dauernd. Es ist unmöglich, ihr eine feste Struktur zu geben.

Ferner ist eine Welle äusseren Einflüssen hilflos ausgesetzt, was Jakobus ebenfalls festhält: Sie wird hin und her getrieben. Sie kann ihre eigene Richtung nicht bestimmen und hat auch keinen eigenen Antrieb. Wenn der Wind heute in diese Richtung bläst, bewegt sich die Welle in dieselbe Richtung. Morgen sieht dann alles wieder anders aus.

Ein wankelmütiger Mensch wird oft von der Person beeinflusst, mit der er zuletzt gesprochen hat. Man kann nie wissen, was von ihm zu erwarten ist. Man kann nichts vorhersagen. Man kann auch nie wissen, wie er sein wird, wenn man ihm das nächste Mal begegnet. Es ist traurig, aber wahr, *er selbst* weiss nicht, was er in einem Monat, ja sogar in einer Woche, tun wird, und wie er sein wird. Dies ist in der Tat kein erfreuliches Dasein: keine Gewissheit, nichts Festes, kein Ziel, keine Beständigkeit. Es ist ein beständiger Wechsel; er lebt in einem Wechselspiel von Verwirrung und Zerrüttung. Nie hat man etwas Festes in Händen.

Ich kenne einen Prediger, der sich mit allem, was ihm begegnete, beschäftigte und es auch übernahm. Eine Zeitlang las er nur noch Schriften der Puritaner, die vor ein paar Jahren neu aufgelegt worden waren. Er wurde einer von ihnen, übernahm ihre Auffassungen (einige sind ausgezeichnet, andere aber mit Vorsicht zu geniessen), und er eignete sich auch ihren Wortschatz an – für einige Zeit. Dann entdeckte er Robert Schuller. Nun wurde alles wieder geändert: Predigtstil, Sprache, Lehrauffassungen – es kam zu einer völligen Wandlung, einer eigentlichen Metamorphose. Später wurde wieder alles geändert, und später wieder und so fort. Kürzlich hat er sich der Gemeindewachstumsbewegung angeschlossen, und neulich hat er sich mit der Lehre der Theonomie angefreundet (einer Lehre, die Prinzipien aus dem Alten Testament übernimmt und sie auf die Regierung der USA übertragen möchte).

Diese beständigen Wechsel, diese Unruhe hat sich negativ auf seine Gemeinde ausgewirkt. Die meisten Gläubigen haben seine häufigen Meinungsumschwünge nicht verkraftet, und mit jeder Änderung haben ihn weitere Mitglieder seiner Gemeinde verlassen. Die Gemeinde musste sich fast jedes Mal wieder einer anderen Denomination anschliessen. Trotz seiner Begabung, seiner ausgezeichneten Ausbildung und den Möglichkeiten, die er hatte, ist sein Dienst letztlich wenig wert. Ihm fehlen die Eigenschaften eines Leiters, weil er wankelmütig ist. Und wie eine Welle hat auch er kein Ziel, keine eigene Kraft und keine innere Festigkeit. Sein Vertrauen auf das Wort Gottes ist mangelhaft, und so sind sein Denken und seine Handlungen unstet. Er wird von jeder neuen Lehre hin und her gerissen.

Glaube

Dieser innere Zustand – Gedanken, die hin und her getrieben werden, ein Mensch, der einer Welle gleicht – wirkt sich hemmend und störend auf das ganze Leben aus. Der Zweifler hat Angst; er ist nicht bereit, Gott und Seinem Wort völlig zu glauben und zu vertrauen. Er hat zu wenig Glauben. Er befindet sich immer auf der Suche nach Gewissheit und findet sie nicht. Es kann ohne Glauben keine Gewissheit geben. Gewissheit ist aber nicht die Grundlage, sondern die Frucht des Glaubens. Jakobus' Einsicht ist: Wenn Sie jemanden sehen, der «in allen seinen Wegen» unbeständig ist, dann versteckt sich hinter seinem Lebensstil Wankelmut.

Glaube ist absolut unentbehrlich, will man ein Leben führen, das Gott gefällt. Ein Leben, das von Zweifeln geprägt ist, kann Gott nicht gefallen, sondern, *«jener Mensch denke nicht, dass er etwas von dem Herrn empfangen werde»* (Jak. 1,7). Dies gilt sowohl für die Errettung wie auch für das Leben des Gläubigen. Errettung geschieht aus Gnade, *durch Glauben.* Später in seinem Brief macht Jakobus deutlich, dass Glaube ohne Werke tot ist (es handelt sich dort nicht um den Glauben, der zur Errettung notwendig ist), und dort stellt er ebenso deutlich fest, dass Werke (z. B. Gebet) ohne Glauben tot sind.

Glaube ist nicht nur ein untrennbarer Bestandteil der Errettung, sondern des ganzen Lebens des Gläubigen. Jesus sagt: *«Glaubt, ... und es wird euch werden»* (Mark. 11,24); Jakobus hingegen sagt: *«Zweifle, ... und es wird dir nicht werden.»* Dies ist die Rückseite der Medaille, die es ebenfalls zu beachten gilt.

Wenn Ihr Leben voller Unruhe ist, so hängt das vielleicht mit Zweifel zusammen. Wie lautet Ihre Antwort auf die Frage: *Glaube ich wirklich an das Evangelium? Bin ich sicher, dass ich gerettet bin?* Falls Sie noch über Ihre Errettung im Unklaren sind, dann bringen Sie diese Angelegenheit in Ordnung, bevor Sie weiterlesen. Bekennen Sie vor Gott, dass Sie ein Sünder und deshalb verloren sind. Vertrauen Sie sich Christus als Ihrem Retter an. Als Er am Kreuz starb, hat Er die Strafe stellvertretend für Sünder wie Sie getragen. Glauben Sie Ihm und beten Sie zu Ihm: «Herr, ich glaube, dass du für mich gestorben bist.» Vertrauen Sie sich Ihm für Ihr ganzes Leben an. Er hat mit Ihrer Sünde schon abgerechnet; Sie müssen es nur glauben, um gerettet zu werden.

Wenn Sie schon Christ sind, dann fragen Sie sich einmal: «Wie stark ist mein Glaube? Vertraue ich den Verheissungen

Gottes so sehr, dass ich gelassen in die Zukunft blicken kann? Bin ich schon so standfest im Glauben, dass ich das Gute vom Bösen unterscheiden kann und bereit, nötigenfalls auch Ansichten anderer nicht zu teilen und mich nicht vom erstbesten Argument beeinflussen zu lassen? Oder gebe ich Gott gleichviel Zeit, um zu mir zu sprechen, wie ich der Welt erlaube, mich zu beeinflussen? Versuche ich, Gott und der Welt zu gefallen? Gibt es in meinem Glaubensleben so schwerwiegende Mängel, weil ich zu denen gehöre, die von Gott nichts zu erwarten haben?»

Wenn Ihr Glaube nicht stark genug ist, dann haben Sie wahrscheinlich die Bibel nicht richtig oder zu wenig gelesen.[13] Vielleicht haben Sie es versäumt, die Bibelstunden regelmässig zu besuchen, und es fällt Ihnen deswegen schwer, den Willen Gottes für Ihr Leben zu erkennen und Seinen Verheissungen zu vertrauen. Ich erwähne diese zwei Gründe für Ihren schwachen Glauben, weil Gott durch Sein Wort den Glauben in unseren Herzen weckt: *«Also kommt der Glaube aus der Verkündigung, die Verkündigung aber durch das Wort Gottes»* (Röm. 10,17). Um Gott vertrauen zu können, muss man Ihn kennen; man kann Ihn aber nicht kennen, wenn man nicht weiss, was Er sagt. Wenn Ihr Glaube schwach ist, dann setzen Sie neue Schwerpunkte in Ihrem Leben: Nehmen Sie sich Zeit, um die Bibel regelmässig und sorgfältig zu studieren, und besuchen Sie öfter Veranstaltungen, wo das Wort Gottes klar gepredigt wird. Schliesslich ist der Glaube doch so entscheidend, da es ja unmöglich ist, Gott ohne Glauben wohlzugefallen (Hebr. 11,6).

Unbeständigkeit

Wir haben gesehen, dass Ihr ganzes Leben beeinflusst wird, wenn Sie ein wankelmütiger Zweifler sind. Was meint aber Jakobus mit der Unbeständigkeit, die er ja auch erwähnt? Das Wort *unbeständig* hat ursprünglich die Bedeutung von «Zerrissenheit, Unordnung, Unruhe und Verwirrung». Darum ist der Vergleich mit einer vom Wind bewegten, hin und her getriebenen Meereswoge so treffend. Jakobus spricht hier von einem ziellosen, unruhigen und letztlich sinnlosen Leben.

Ein solches Leben wirkt sich aber auch auf alle Ihre Mitmenschen aus. Ihre Familie kann nicht mit Ihnen rechnen; Sie lassen die Gemeinde im Stich; wegen Ihres Wankelmuts und Ihrer Unentschlossenheit ist Ihre Arbeitsstelle gefährdet, usw. Als Folge Ihrer Unbeständigkeit sind Sie für alle eine Belastung, sogar für sich selbst.

Wenn Sie die Verheissungen Gottes nicht recht kennen, dann werden Sie auch Seine Gebote nicht halten. Es ist nicht immer leicht, Gottes Gebote zu befolgen; man hat manchmal in einer Welt, die in Feindschaft zu Gott steht, mit unangenehmen Folgen für seine Treue zu rechnen. Ihre Treue hängt dann ganz offensichtlich davon ab, wie stark und gewiss Ihre Hingabe an Gott und an Sein Wort ist. Ein Zweifler hat das nicht; er weicht aus, wo er kann. Viele glauben dann, dass das Sprichwort «Etwas ist besser als nichts» auch auf das Glaubensleben anwendbar sei, aber dem ist nicht so. Gott teilt Seine Ehre mit keinem andern. Elia sagte zum Volk Israel: *«Wenn der Herr der wahre Gott ist, dann folgt ihm nach; wenn aber der Baal, dann folgt ihm nach»* (1. Kön. 18,21). Versuchen Sie nicht, zwei Herren zu dienen.

Wenn Gott zum Thema Ehescheidung sagt, dass Er nur unter ganz bestimmten Bedingungen eine Scheidung zulässt, dann ist dies absolut; man kann dann nicht noch weitere Möglichkeiten in Betracht ziehen. Sie müssen sich von allen «wenn und aber und vielleicht doch» lösen und dafür alles unternehmen, damit Ihr Eheleben vorbildlich wird. Wenn wir aus der Schrift erkennen, dass es in einem Fall notwendig ist, Gemeindezucht zu üben, dann sollen wir es tun. Sie dürfen dann nicht an die Schwierigkeiten denken, die daraus entstehen könnten. Versuchen Sie nicht, sich einzureden, dass wenn Sie nichts tun, das Problem von selbst verschwinden wird; dies wird nicht der Fall sein. Studieren Sie hingegen die Anweisungen Christi zu diesem Thema sorgfältig (in Matth. 18,15 ff. und an anderen Stellen) und wenden Sie sie entsprechend an. Weisen Sie den Gedanken von sich, Sie könnten

Ihren Problemen entgehen, indem Sie einfach die Gemeinde wechseln. Wenn Gott gesprochen hat, wer sind Sie, dass Sie Seine Worte in Zweifel ziehen können?

Aber leider sucht der wankelmütige Zweifler nicht nach solchen Lösungen. Er wird in seiner Einstellung noch von denen unterstützt, die sagen, man könne die klaren Anweisungen der Schrift nicht wörtlich befolgen; man mache es sich damit viel zu einfach. Sie wollen es viel komplizierter haben. Vieles von dem, was heute als biblische Leiterschaft und biblische Lehre bezeichnet wird, scheint eher die Frucht von Wankelmut zu sein. Natürlich gibt es Schwierigkeiten, aber Gottes Wort ist klar genug, dass jeder aufrichtige, genaue Leser darin Gottes Willen erkennen und im Glauben anwenden kann. Gott will nicht, dass die Gläubigen immer wieder über ihre eigenen Füsse stolpern, sich beständig mit Zweifeln herumschlagen und ihr Leben einer Zickzacklinie gleicht.

Wankelmut ist in unserer Zeit die Quelle von viel Schwachheit und Verwirrung in der Gemeinde; wahrscheinlich viel mehr als uns bewusst ist. Wenn die Beschreibung des Jakobus über die Unbeständigkeit auf Ihr Leben zutrifft, dann sind wahrscheinlich Zweifel Ihr Problem. Sollte dies stimmen, dann müssen Sie etwas dagegen unternehmen – und zwar bald!

Die Lösung des Problems

«Ich glaube, Jakobus spricht von mir», sagen Sie. «In meinem Innersten habe ich Zweifel und Ängste und mein Leben ist von Unbeständigkeit geprägt. Aber was kann ich gegen meinen Wankelmut, meinen Kleinglauben tun?» Ich habe schon auf die Wichtigkeit des gesunden, praxisbezogenen Bibelstudiums hingewiesen und auch den regelmässigen Besuch von Bibelstunden und Predigten erwähnt. Es gilt aber, noch weitere Dinge zu beachten. Jakobus nimmt an einer anderen Stelle das Problem des Zweifelns wieder auf. Dabei wendet er sich direkt an den Zweifler und sagt:

«Naht euch Gott, und er wird sich euch nahen. Säubert die

Hände, ihr Sünder, und reinigt die Herzen, ihr Wankelmütigen! Fühlt euer Elend und trauert und weint; euer Lachen verwandle sich in Traurigkeit und eure Freude in Niedergeschlagenheit. Demütiget euch vor dem Herrn, und er wird euch erhöhen» (Jak. 4,8–10).

Beim Lesen der Bibel, auch dieser Stelle in Jakobus, erkennen wir Gottes Lösung des Problems. Sie werden auch feststellen, dass Gott Ihnen hilft, alle Seine Anweisungen befolgen zu können, die zur Lösung notwendig sind.

Um von Zweifeln befreit zu werden, müssen Sie erkennen, dass diese Zweifel, dieser Wankelmut nicht nur ein intellektuelles Problem darstellen, sondern auch ein sittliches.[14] Gott in Frage zu stellen, ist immer ein sittliches Problem – sei es, dass man Seine Weisheit oder Seine Glaubwürdigkeit anzweifelt. Ebenso ist es ein sittliches Problem, wenn Sie vorgeben, an Ihn zu glauben, dann doch unschlüssig sind und bei der nächsten Gelegenheit woanders Hilfe suchen.

Der Glaube und das Gebet werden durch unbereute Sünde in Ihrem Leben geschwächt. Ob Sie mit der Sünde (oder mit der Möglichkeit zu sündigen) spielen oder Gottes Gebote mit unbiblischen Zugaben verwässern, oder auch Ihren Ungehorsam mit schönen Erklärungen zu rechtfertigen suchen, das Resultat ist immer dasselbe: eine Schwächung des Glaubens. Genau diese Dinge aber tut der Zweifler.

Da Wankelmut jedoch Sünde ist, liegt die Lösung im Bekennen, wie es auch Jakobus deutlich sagt (4,8–10). Er fordert dringend dazu auf. Wenn Sie also ein solcher Zweifler sind, dann gelten seine Worte Ihnen und er fordert Sie auf, drei Dinge zu tun:

1. Sie müssen erkennen und zugeben, dass Sie sich von Gott entfernt haben. Je weiter man sich von Gott entfernt, desto verwirrter wird man gewöhnlich. Deshalb müssen Sie sich Gott im Gebet «nahen» und Ihre Beziehung zu Ihm erneuern: «Freundschaft mit der Welt ist Feindschaft gegen Gott» (4,4). Weltliche Gedanken, Werte und Handlungsweisen wurden von Ihnen übernommen, und dies hat in Ihnen zu einem Kon-

flikt, einem Zwiespalt zwischen Gottes Wegen und denen der Welt geführt (vgl. Jes. 55,8 + 9). Sie haben Gefallen an den Verlockungen der Welt gefunden, obwohl Sie wussten, dass Gott daran keinen Gefallen hat. So kamen Sie auf den Gedanken, die beiden Wege miteinander zu verbinden, aber Sie mussten feststellen, dass dies nicht geht und dass die Wege der Welt fast immer die Oberhand gewinnen. Sie lesen immer seltener in der Bibel, da Sie ja dadurch nur an Ihre Sünden erinnert werden. Ihre Beziehung zu Gott, Ihre Gemeinschaft mit Ihm erkaltet, da Sie eigentlich «im Ehebruch mit der Welt» leben (Jak. 4,4). Wundern Sie sich da noch, dass Sie verwirrt, unruhig, wankelmütig sind? Jakobus sagt klipp und klar: «Das muss aufhören!» Deshalb muss dies der erste Schritt sein: ein Erkennen, wie weit Sie sich von Ihrem himmlischen Vater entfernt haben.

2. Wenn Sie sich dann Gott nahen, bekennen Sie Ihm demütig Ihre Sünde und bitten Sie Ihn um Vergebung. Manche sagen, wenn man einmal die Vergebung der Sünden empfangen habe, dann brauche man nicht mehr nach jeder Sünde Ihn wieder um Vergebung zu bitten. Wenn du sündigst, dann sag einfach: «Ich danke dir, Herr, dass alles schon unter dem Blut ist» und gehe fröhlich deines Weges. Sind dies des Jakobus Worte? Natürlich nicht!

Es ist wahr, dass der Gläubige durch das Werk Christi am Kreuz ein für allemal gerechtfertigt ist. Gott schleppt uns nicht nach jeder Sünde vor den Richterstuhl. Man braucht nicht wieder errettet zu werden. Dies ist aber nur die rechtliche Seite der Vergebung – die Vergebung, die uns Gott *als unser Richter* zuspricht. Es gibt aber noch eine Vergebung, von der Jesus sprach: *die väterliche* Vergebung. Diese zweite Art der Vergebung, von der auch Jakobus spricht, wird uns im Vaterunser beschrieben, wo Jesus über das Beten zum Vater spricht und sagt: «Vergib uns unsere Schulden» (Matth. 6,12). Seine Worte waren die Antwort auf eine Bitte der Jünger nach einem Muster für das regelmässige Beten. Er beginnt mit: «Darum sollt ihr so beten …» und bezeichnet dies als ein

Kennzeichen für das Gebet. Ferner ist dies die einzige von mehreren Bitten, die der Herr weiter erläutert. Er fährt fort und sagt:

«Denn wenn ihr den Menschen ihre Vergehungen vergebt, so wird euer himmlischer Vater auch euch vergeben; wenn ihr aber den Menschen ihre Vergehungen nicht vergebt, so wird euer Vater auch eure Vergehungen nicht vergeben» (Matth. 6,14 + 15).

Es ist beachtenswert, dass dieses Gebet an den Vater gerichtet ist und dass im Zusammenhang mit Vergebung der Sünden Seiner Kinder Jesus den Vater zweimal erwähnt, als den, der vergibt (V. 14 + 15). So ist tatsächlich der rechtliche Aspekt der Vergebung – durch den unser ewiges Los bestimmt wird – eine ein für allemalige Handlung; die väterliche Vergebung hingegen, die die Gemeinschaft mit dem Vater und die Nähe zu Ihm bestimmt, geschieht nicht ein für allemal. Man muss immer wieder darum bitten, sobald man sich von Gott entfernt hat.

3. Die Frage der Vergebung ist eine ernsthafte Angelegenheit, und Sie sollten dem Gebot des Jakobus unverzüglich Folge leisten. Die Aussagen in Kapitel 4,9 sind nicht so zu verstehen, dass Sie zuerst einen Gefühlsausbruch abwarten müssen (auch wenn dies tatsächlich eintreten kann), bevor Sie um Vergebung bitten können. Jakobus will vielmehr damit sagen, dass die Bitte um Vergebung echt sein muss und der Betreffende davon berührt sein soll; er soll aus seiner Gleichgültigkeit gerüttelt werden und seine Sünden sollen ihm Leid tun. Es geht hier also um die Frage der Wichtigkeit und der Dringlichkeit.

Jakobus sagt, dass wenn Sie das Problem erkannt haben, Sie hernach kein Gras darüber wachsen lassen dürfen; Sie müssen die Sache jetzt anpacken! Erlauben Sie nichts und niemandem, Sie von Ihrem Entschluss, sich Gott wieder zu nähern, abzubringen. Vergessen Sie den Fernsehapparat, sagen Sie eine Einladung zum Essen ab, wenn es sein muss. Die Traurigkeit und Niedergeschlagenheit, die Sie wegen Ihrer

Sünde empfinden, sollte Sie von allen Freuden dieser Welt fernhalten und Ihnen nicht gestatten, den Ernst der Lage zu verharmlosen, bis Sie die Sache in Ordnung gebracht haben und Ihre Beziehung mit Gott wieder in Ordnung ist. Bitten Sie Gott ernstlich um Vergebung («reinigt die Herzen»), bitten Sie andere, denen Sie Unrecht getan haben, um Vergebung, und machen Sie, soweit es möglich ist, alles Unrecht wieder gut («säubert die Hände»). Geben Sie Ihre Sünde zu und Gott wird sich Ihnen wieder nahen. Bekennen Sie Ihm Ihren Wankelmut, Ihre Zweifel an Seinem Wort, Ihren Widerwillen an Seiner Nachfolge, und vertrauen Sie sich Ihm aufs Neue für Ihr ganzes Leben an.

5. Sie können erhörlich beten

Sehr häufig hört man als Seelsorger den Vorwurf: «Ich habe doch darüber gebetet und es ist doch nichts geschehen.» In all den Jahren habe ich gelernt, dem betreffenden Menschen in die Augen zu schauen und zu entgegnen: «Na und, was ist denn daran so ungewöhnlich?» Daraufhin kommt es zu einem Gespräch, in dessen Verlauf wir auf die Tatsache stossen, dass viele Gebete wirkungslos bleiben, vergebens sind oder negativ beantwortet werden. Nach einem solchen Gespräch sind die Leute dann erstaunt und beginnen zu begreifen, dass das Gebet alles andere als der automatische Vorgang ist, als den sie es bis anhin betrachtet hatten.

Vielleicht haben auch Sie noch falsche Vorstellungen über das Gebet. Erstaunt es Sie, zu erfahren, dass Gebet vergebens sein kann? Jakobus hat uns sehr viel dazu zu sagen, auch wenn er das Thema nicht umfassend behandelt. Er weist hauptsächlich auf die inneren Zusammenhänge hin: auf die Einstellung und den geistlichen Zustand desjenigen, der betet. Jakobus erwähnt vielleicht mehr als alle anderen Schreiber die beunruhigende Tatsache, dass man vergebens beten kann.

Ich habe die erstaunliche Beobachtung gemacht, dass es sehr viele Leute gibt, die denken, Gott sei verpflichtet, ihre Gebete zu erhören; dass es dann von denen noch viele gibt, die denken, Gott sei verpflichtet, positiv zu antworten; und dass es dann von denen immer noch viele gibt, die denken, Gott sei verpflichtet, ihre Gebete *auf ihre Art,* gemäss *ihren* Vorstellungen und Wünschen und zu dem von *ihnen* gewünschten Zeitpunkt zu erhören. Jakobus bezeichnet solche Vorstellungen als völlig falsch. Sein Hauptanliegen besteht darin, unklare Vorstellungen über das Gebet zu korrigieren. Er unternimmt dies, weil er weiss, dass viele Christen magische Vorstellungen vom Beten haben und dadurch gehindert werden, vollständige Christen zu werden. Andere wiederum sind entmutigt, weil ihre Gebete nicht erhört worden sind, weil man ihnen angegeben hat, Gott erhöre alle Gebete. In der Folge vernachlässigen sie ihr Gebet, ja manche geben sogar ihren Glauben auf.

Wirkungsloses Gebet

Wenn alle Gebete, die jeden Tag von Millionen von Christen gesprochen werden, erhört würden, käme es in Kürze zu gewaltigen Veränderungen auf dieser Erde. Wie kann man dann glauben, dass die meisten Gebete erhört werden, da doch nichts geschieht? Darauf kann es nur zwei Antworten geben: Entweder sind die meisten Gebete wirkungslos und vergebens, oder aber Gottes Verheissungen über das Gebet stimmen nicht. Als Christen können wir die zweite Möglichkeit ausschliessen, und somit bleibt nur die erste Feststellung: Viele Gebete bleiben wirkungslos.

Dieser Missstand wird in der Bibel oft erwähnt. Diese Tatsache sollte uns nicht erstaunen, sondern sollte unter Gläubigen bekannt sein. Wir wollen ein paar Beispiele dazu betrachten.

In Sprüche 15,29 lesen wir: *«Fern ist der Herr von den Gottlosen, aber das Gebet der Gerechten hört er.»* Hier sagt uns Gottes Wort ganz deutlich, dass Gott die Gebete von Sündern, von Gottlosen, nicht hört. Die Juden zur Zeit Jesu wussten das genau (Joh. 9,31). Ungläubige haben keinen Zutritt zum Thron der Gnade. Der Zugang zu Gott wurde durch Jesus ermöglicht, aber nur für die, die glauben (vgl. Spr. 1,28; 15,8; 21,17).

Lukas schildert uns das Gleichnis vom Pharisäer und Zöllner. Der Herr Jesus betont, dass der Pharisäer «bei sich selbst» betete (Luk. 18,11). Sein Gebet kam nicht bis zu Gott. Man kann es mit einem Luftballon vergleichen, der bis zur Decke des Tempels hochsteigt und dort stecken bleibt. Sein Gebet war völlig wirkungslos, da es genaugenommen gar kein Gebet war, sondern eine selbstgerechte Aufzählung all seiner guten Werke.

In 1. Petr. 3,7 lesen wir, dass Gott die Gebete eines Ehemannes nicht erhört, wenn dieser seine Frau schlecht behandelt. Eine ungetrübte Beziehung zu Gott ist also abhängig von einer guten Beziehung zwischen den Ehepartnern. Der Mann muss mit seiner Frau im Frieden leben und er muss darauf achten, dass seine Beziehung zu ihr gut ist. Ansonsten werden die Gebete «gehemmt oder gestört» (V. 7; Menge-Übersetzung), bis die Beziehung zwischen Mann und Frau wieder in Ordnung ist (vgl. Mal. 2,13 + 14 für ein solches Beispiel im Volk Israel). Denken wir nur an die vielen gläubigen Ehepaare, die ihre gestörte Beziehung nicht in Ordnung bringen wollen und dennoch von Gott eine Erhörung ihrer Gebete erwarten. Seelsorger sollten deshalb Ehepartnern, die Schwierigkeiten in der Ehe haben, nicht raten, über «ihr Problem zu beten». Ihr Zustand verunmöglicht es ihnen, erhörlich zu beten. Ihre Gebete sind so lange wirkungslos, bis sie über ihre gestörte Beziehung Busse tun, ihre Sünde einander und Gott bekennen und bereit sind, in Zukunft alle notwendigen Änderungen vorzunehmen.

Die Bibel nennt zahlreiche Bedingungen, die es zu beachten gilt, wenn man eine Erhörung seiner Gebete erleben möchte. Gottes Wort sagt, dass wer sein Ohr vor dem Hilfeschrei des Armen verstopft, später auch zu Gott rufen und keine Antwort erhalten wird (Spr. 21,13). Gott betrachtet die Gebete derer, die sich von Seinem Wort abwenden, als ein Gräuel (Spr. 28,9). Der Psalmist bekennt, dass wenn er es in seinem Herzen auf Frevel abgesehen hätte, der Herr nicht hören würde (Ps. 66,18). Nachdem wir in einem der vorangehenden Kapitel über die Versuchungen und Sünden im Herzen gesehen haben, was Jakobus dazu meint, können wir uns gut vorstellen, wie viele Gebete vergebens sind wegen des sündigen, inneren Zustandes des Betenden.

In einem ähnlichen Zustand befand sich Israel, als Gott ihnen sagte: *«Auch wenn ihr noch so viel betet, höre ich nicht»* (Jes. 1,15). *«Eure Vergehungen sind es, die eine Scheidung gemacht haben zwischen euch und eurem Gott …, dass er nicht hört»* (Jes. 59,2). Gott betont, dass sie sogar viel beten, und doch ist alles vergebens, da sie über ihre Sünden nicht Busse getan haben. Könnte dies nicht auch heute noch so sein?

Auch Jakobus erwähnt Gebet, das Gott nicht erhören kann. Wie wir schon gesehen haben, kann der wankelmütige Zweifler nichts von Gott erwarten, auch wenn er betet: *«Denn jener Mensch denke nicht, dass er etwas von dem Herrn empfangen werde»* (1,7). Unglaube und Zweifel sind es, die ein erhörliches Beten verunmöglichen. Des Weitern schreibt er: *«Ihr habt nichts, weil ihr nicht bittet; ihr bittet und empfanget nichts, weil ihr übel bittet, um es in euren Lüsten zu vergeuden»* (4,2 + 3). Offensichtlich rechnete auch Jakobus nicht damit, dass alle Gebete erhört werden; eher das Gegenteil scheint zuzutreffen.

Ein Ansporn zum Beten

Ich habe bisher nur einige der Hindernisse zum erhörlichen Beten genannt, und deren Beseitigung ist schon schwierig genug. Wir werden aber noch auf weitere stossen, wenn wir später die Voraussetzungen und die nötigen Anforderungen betrachten, die Jakobus im Zusammenhang mit erhörlichem Gebet erwähnt. «Ja, dann hat es keinen Sinn», sagen Sie, «wenn doch viele, ja sogar die meisten Gebete, nicht erhört werden[15], sind auch meine Gebete bestimmt nutzlos. Die Chancen dazu sind ja gross.» Irrtum! Gott spornt uns gerade im Jakobusbrief zum Beten an.

Sie müssen nicht ein Elia oder ein Paulus sein, um erhörlich beten zu können. Im Gegenteil, auch wenn Jakobus das Gebet des Elia als ein Beispiel darstellt (Jak. 5,17 + 18), so hebt er eben gerade die Tatsache hervor, dass Elia ein Mensch war wie Sie und ich, dass er die gleichen Empfindungen und Schwierigkeiten hatte wie wir alle. Auch wenn Sie oft versagen, so ist die Sache doch nicht hoffnungslos. Erhörliches Gebet ist möglich und auch für Sie erfahrbar.

Im Zusammenhang mit dem Mangel an Weisheit sagt Jakobus allen, die es angeht: *«... so bitte er Gott, der allen willig gibt und nichts vorwirft, und sie wird ihm gegeben werden»* (1,5). Diese Worte sollen Ihnen Mut zum Beten machen. Jakobus spornt Sie zum Beten an und empfiehlt Ihnen eindringlich, *für die Dinge zu beten, an denen es Ihnen mangelt:* «Wenn jemand von euch Weisheit mangelt, so bitte er Gott.» Salomo bat den Herrn um Weisheit und Unterscheidungsvermögen und es wurde ihm gegeben (1. Kön. 3,9). Und da er um eine gute Sache gebeten hatte – nicht um vergängliche Dinge, an die er sein Herz hängen konnte, sondern um Gottes Volk regieren zu können – schenkte ihm Gott alles andere dazu, «über die Massen mehr, als er erbitten oder erdenken konnte» (vgl. Eph. 3,20; 1. Kön. 3,12–14). Jakobus spornt Sie zum Beten an, indem er Ihnen verheisst, dass Gott Ihnen die Dinge geben wird, an denen es Ihnen mangelt: «Es wird ihm gegeben werden» (1,5). Gott kann viele Gebete nicht erhören, nicht weil Er geizig wäre oder Ihnen gewisse Dinge vorenthalten möchte. Er möchte Ihnen sogar mehr geben, als Sie erbitten. Natürlich darf man die Verheissungen, «wenn ihr etwas bitten werdet, so werde ich es tun» (Joh. 14,14;15,7 + 16;16,24), nicht einfach auf alles anwenden, ohne auf die damit verbundenen Bedingungen zu achten. Gott wird erhören, Gott wird geben – wenn und sobald wir Seine Bedingungen erfüllen. Er ist es, der die Bedingungen nennt, nicht Sie oder ich.

Eine der Bedingungen finden wir in Jak. 1,6: «Er bitte aber im Glauben, ohne zu zweifeln.» Gott verspricht, Ihnen alles zu geben, um aus Ihnen einen *vollständigen* Menschen zu machen. Dies ist der Grund, weshalb Er Gebet erhört. Wenn Sie diese Vollständigkeit nicht erreichen, so liegt das an Ihnen. Entweder haben Sie nicht richtig gebetet, oder aber Sie haben nicht um Dinge gebetet, an denen es Ihnen mangelt.

Jakobus spornt Sie überdies zum Beten an, indem er *Ihnen deutlich macht, wie Gott gibt:* «willig und ohne Vorwurf» (V. 5). Er gibt gern. Der erste der beiden Ausdrücke bedeutet «ohne Einschränkung, leicht». Gott knüpft keine Bedingungen an Seine Gaben. Er gibt ganz einfach; Er gibt gern – ohne eine grosse Geschichte daraus zu machen. Der zweite Ausdruck beschreibt, dass Gott «ohne etwas vorzuwerfen» gibt. Wie oft haben Sie vielleicht schon ein Geschenk bekommen, das Sie am liebsten gar nicht erst angenommen hätten, wegen der Art und Weise, wie es gegeben wurde? Der Geber überraschte Sie mit einer bissigen Bemerkung, oder er erinnerte Sie an das letzte Mal, als er Ihnen etwas schenkte. Gott schenkt nicht so.

Darum gibt es keinen Grund, weshalb wir zögern oder nicht bitten sollten. Jakobus macht allen Mut, auch denen, die unschlüssig sind oder nicht recht wissen, ob sie beten dürfen. Wir dürfen uns Gott mit Freimütigkeit nahen auf der Grundlage des vollbrachten Erlösungswerkes Jesu Christi. Deshalb beten wir ja auch in Jesu Namen. Dies sollte Ihnen ein Ansporn sein. Gott verheisst Ihnen, dass Er Ihre Gebete beantworten wird und dass Er gerne gibt, ohne Einschränkungen. Genügt Ihnen das nicht? Weshalb beten Sie dann nicht häufiger? Warum werden Ihre Gebete nicht erhört? Gibt es Dinge, die einer Erhörung Ihrer Gebete im Wege stehen? Wir müssen auf diese Fragen eine Antwort finden und wollen nun sehen, was uns Jakobus dazu zu sagen hat.

Wie sollen wir beten?

Wofür man auch betet, es gibt einige wichtige Punkte zu beachten. Werden diese Voraussetzungen missachtet, wird Gott Ihre Bitten nicht beantworten (Jak. 1,7). Vergessen wir nicht, *der Mensch* – nicht Gott – ist das Problem, wenn Gebete nicht erhört werden.

Jakobus gibt uns keine vollständige Liste, aber es ist wichtig zu sehen, dass er den Schwerpunkt auf die Dinge des Herzens legt. Er sagt, dass für Gott Ihre Einstellung, Ihr geistlicher Zustand und Ihre Beziehung zu Ihm wichtig sind. Ein weiteres Mal durchleuchtet Jakobus Ihr Innenleben und stellt bohrende Fragen über die geistlichen Zusammenhänge und Prinzipien für ein erhörliches Gebet.

Beim Beten geht es nicht um richtige Methoden oder Formulierungen. Beten hat auch nichts mit magischen Beschwörungen oder wirksamen Zaubersprüchen zu tun. Auch die Worte «in Jesu Namen» sind kein Sesam-öffne-dich, das uns jederzeit Erfolg verspricht. Sie müssen keine Rituale absolvieren oder unendlich lange Zeiten der qualvollen Selbstprüfung vor Gott verbringen. Nein, beim Beten geht es um nichts dergleichen; die Bedingungen, die es zu erfüllen gilt, haben mit Ihrem Herzenszustand zu tun. Jakobus nennt vier Bedingungen, die man beim Beten beachten muss. Sie lauten wie folgt:

- im Glauben beten (1,5–7)
- nicht übel bitten (4,2 + 3)
- ernstlich und bestimmt beten (5,16 + 17)
- beten, wenn unsere Beziehung zu Gott stimmt (5,16).

a) Im Glauben beten

Wir brauchen hierzu nicht mehr viel zu sagen, da wir schon bei der Betrachtung des wankelmütigen Zweiflers die Wichtigkeit des Glaubens hervorgehoben haben. Ein oder zwei zusätzliche Bemerkungen mögen jedoch hier noch angebracht sein.

Echter Glaube ist nicht nur ein blosses Beipflichten oder Einwilligen. Gewiss muss man wissen, was Gott verheissen hat und glauben, dass diese Verheissungen auch wahr sind. Schon an diesen beiden Punkten scheitert der wankelmütige Zweifler, weil er nie sicher ist. Deshalb kann er sich nie für oder gegen etwas entscheiden und möchte es allen recht machen. Das dritte Element, das ebenfalls zum echten Glauben gehört, heisst *Vertrauen.*

Es genügte nicht, dass Elia verkündete: «Der ist der wahre Gott in Israel und nicht der Baal!» Die Menschen mussten ihrer Zustimmung auch Taten folgen lassen, d. h. sie mussten sich *völlig* von Baal abwenden (Altäre, Höhen, Beschwörungen, Kultgegenstände und alles, was irgendwie mit dem Baalsdienst in Zusammenhang stand, musste verschwinden) und sich *einzig* dem Herrn anvertrauen und nur Ihn anbeten.

Glauben heisst, vom biblischen Standpunkt aus betrachtet, sich von den Götzen abwenden, um dem lebendigen und wahren Gott zu dienen (1. Thess. 1,9). Götzen sind bei uns heute in erster Linie Weltanschauungen, Meinungen, Bräuche, Bewegungen oder Menschen, auf die wir unser Vertrauen setzen, anstatt auf Gott. Wenn zum Beispiel die Bibel lehrt, man solle keinen Rechtsstreit mit einem anderen Gläubigen führen, sondern sich für die Lösung des Problems an die Gemeinde wenden (1. Kor. 6), dann ist es schlichter Ungehorsam, ein Mangel an Vertrauen auf Gott, wenn man trotzdem einen Rechtsanwalt in Reserve hält, falls etwas schiefgeht vor der Gemeinde. Hier wird eine Einstellung offenbar, die von Misstrauen und Zweifel gegenüber Gott geprägt ist.

Glaube hingegen ist gekennzeichnet durch Vertrauen, Abhängigkeit, Zuversicht gegenüber Gott und Seinem Wort. Dieser Glaube zeigt sich im Gebet, dann nämlich, wenn Sie wirklich für die Erhörung von Gott *abhängig* sind. Abhängigkeit bedeutet auch, dass, sollte Gott versagen, Sie mit Ihm untergehen. Wenn Sie in dieser Weise von Gott abhängig sind, dann brechen Sie alle anderen Brücken ab, lassen keine Hintertür mehr offen.

Diese Art von Glauben ist nötig, um erhörlich beten zu können. Der Zweifler jedoch fragt sich, ob Gebet überhaupt etwas bewirkt. «Falls es doch nichts nützt», denkt er, «werde ich noch ...», und dann zählt er eine ganze Anzahl von Krücken auf, mit denen er seinen Glauben absichern will. Diese Krücken sind streng genommen nichts anderes als Götzen. Man stellt sie auf die gleiche Stufe wie Gott. Mit der Zeit nehmen sie sogar den Platz Gottes ein. Gott teilt Seine Ehre aber mit keinem andern (Jes. 42,8; 48,11). Er zieht sich zurück und die Krücke erweist sich in der Folge als ein unwirksamer Strohhalm.

Glauben heisst demnach, völlig und einzig auf Gott und Sein Wort vertrauen.

«Aber wenn ich dafür bete, dass meine Tochter wieder gesund wird, sollte ich nicht auch den Arzt rufen? Was bedeutet das, einzig und allein auf Gott und Sein Wort vertrauen?»

Ja, natürlich sollten Sie den Arzt rufen, wenn Ihre Tochter schwer krank ist – eben *weil* Sie auf Gott vertrauen und nicht trotz Ihres Glaubens. Dadurch dass Sie beten und den Arzt rufen, zeigen Sie Ihre Abhängigkeit von Gott, denn in Seinem Wort heisst Er Sie, beides zu tun (Jak. 5,14).[16]

Schauen wir das Ganze einmal von einer anderen Seite an: Jesus lehrte uns beten: «Unser tägliches Brot gib uns heute».

Sie beten so. Heisst das aber, dass Sie sich jetzt in den Garten unter einen Baum setzen und dort warten können, bis ein Schnitzel an einem Fallschirm zu Ihnen hinabsegelt? Sicher nicht. Im Glauben beten ist nicht mit Passivität gleichzusetzen.

An Gottes Wort glauben heisst, *alles* zu befolgen und anzunehmen, was Er sagt und gebietet. Ihre Abhängigkeit von Gott zeigen Sie anhand Ihres Gebetslebens, und so beten Sie ja für Ihr tägliches Brot *und* arbeiten gleichzeitig, weil es die Bibel so lehrt (2. Thess. 3,10). Sie vertrauen, dass Gott Ihre Gebete in Übereinstimmung mit Seinem Wort erhört. Wenn Er sagt: «Bete und gebrauche auch Arzneimittel», dann zeigen Sie, dass Ihr Vertrauen auf Ihn gross genug ist, weshalb Sie beides tun. Oberflächlich betrachtet, scheint man mehr Glauben zu haben, wenn man nur betet. Dies stimmt aber nicht. Daraus entwickelt sich nur eine Art von Wankelmut, da man sich einerseits auf die Krücke «allein durch Beten» abstützt und dabei (fälschlicherweise) vorgibt, von Gott abhängig zu sein; andererseits aber eben dieser Gott sagt, dass Er Brot, Gesundung und was auch immer gibt, aber nur, wenn dies in Übereinstimmung mit Seinem Wort geschieht.

Wenn Sie Gott bitten, Ihnen Ihr tägliches Brot zu geben, bitten Sie Ihn genaugenommen darum, dass Sie die Gelegenheit, Weisheit, Kraft, Gesundheit haben, um Ihr Brot verdienen zu können, womit Sie mit Seinem Wort im Einklang stehen. Dies, und nicht irgendeine Art von besonderer Frömmigkeit, entspricht den Wegen Gottes; das ist echtes Glaubensleben.

b) Nicht übel bitten

«Ihr begehrt und habt nichts … ihr habt nichts, weil ihr nicht bittet; ihr bittet und empfangt nichts, weil ihr übel bittet, um es in euren Lüsten zu vergeuden» (Jak. 4,2 + 3).

Haben Sie bemerkt, dass Jakobus hier von Begehren spricht und nicht von Bedürfnissen? Da wir den Unterschied zwischen Bedürfnis und Begehren (oder Lust) an anderer Stelle schon eingehend untersucht haben, werde ich nicht mehr darauf eingehen. Jakobus geht es offensichtlich hier nicht um die Bedürfnisse.

Für Jakobus besteht ein Problem darin, dass man nicht bittet: *«Ihr habt nichts, weil ihr nicht bittet»* (4,2). Die grundlegende Bedingung zum erhörlichen Gebet ist sicher, dass man überhaupt bittet: Man kann gewöhnlich nichts erwarten, worum man nicht gebeten hat. Damit will ich aber nicht sagen, dass Gott Seine Kinder genau gleich behandelt, wie wir unsere Kinder behandeln, und dass Er ihnen nie gute Gaben geben würde, auch wenn sie nicht unbedingt darum gebeten haben. Dennoch ist es wahr, dass Sie nichts empfangen, weil Sie es versäumt haben, dafür zu beten, und dass Sie dann auch kein Recht haben, etwas zu erwarten. Gott will nicht, dass wir Ihn als selbstverständlich annehmen.

Einige stellen die Notwendigkeit des Bittens überhaupt in Frage. «Wieso soll ich bitten? Gott kennt ja schon alle meine Bedürfnisse und Wünsche.» Natürlich kennt Er sie im Voraus, und dennoch heisst *Er* Sie bitten und macht den Empfang der Dinge, die Sie benötigen oder wünschen, in hohem Masse von Ihrem Bitten abhängig.

Warum denn? Vielleicht will Er damit bezwecken, dass Ihnen bewusst wird, dass Sie Ihn nicht als selbstverständlich annehmen können. Vielleicht geschieht dies aber auch zu Ihrem Nutzen. Sie werden nämlich dadurch an Ihre völlige Abhängigkeit von Ihm erinnert. Würden Sie alles, was Sie brauchen, sofort bekommen, würden Sie Gott als den Geber aller guten Gaben bald vergessen.

Wenn man also einerseits bitten muss, um zu empfangen, und sich andererseits die Voraussetzungen, um etwas zu empfangen, in eine gesunde geistliche Gesinnung, gute Motive und eine ungetrübte Beziehung zu Gott verwandeln, dann ist das Gebet wirklich ein starker Anreiz, ein Gott wohlgefälliges Leben zu führen. In der Tat hat ein gesundes Gebetsleben entscheidenden Einfluss auf viele Lebensgebiete, so auch auf die Harmonie in der Ehe (1. Petr. 3,7).

Vielleicht wünscht Gott, dass wir beten, weil unser Bitten Ihm Freude bereitet. Die Gründe, weshalb Gott etwas tut, sind mir nur soweit bekannt, wie Er sie geoffenbart hat, und meines Wissens findet man in der Bibel keine absolut logische Grundlage für das Gebet. Meine Mutmassungen über das Gebet habe ich einzig aus Hinweisen aus der Schrift hergeleitet. Hingegen finden wir in der Bibel die Bedingungen zum erhörlichen Beten und die Aufforderung dazu klar und deutlich erwähnt.

Der zweite Grund, den Jakobus in diesem Abschnitt nennt, weshalb Ihr Gebet wirkungslos sein kann, ist, dass man «übel bittet» (4,3). Gott wird ein selbstsüchtiges Gebet nicht erhören (das Wort *Lüste* in Vers 3 ist eng verwandt mit dem Ausdruck «Hedonismus»). Wenn Sie ausschliesslich, oder immer zuerst, für *Ihre* Begehren, *Ihre* Wünsche, zu *Ihrem* eigenen Vorteil beten, wird Gott nicht darauf eingehen.

Heisst das nun, Sie dürfen nie für Dinge beten, die Sie eigentlich möchten? Nein, so ist es nicht gemeint. Gemeint ist vielmehr, dass Sie a) um die richtigen Dinge bitten (d. h. was biblisch vertretbar ist), und dass Sie b) in richtiger Absicht beten (letztlich, damit Gott dadurch geehrt wird). Man soll nicht um Dinge bitten, die schlichtweg töricht, schlecht oder sogar unmöglich sind. Sie dürfen um Dinge bitten, die gut, angemessen oder notwendig sind, vor allem wenn es Ihnen dabei um die Ehre Gottes und nicht um Ihre eigene Ehre geht. Diese Absicht sehen wir schon im Gebet des Herrn, als Er sagte: *«Doch nicht wie ich will, sondern wie du willst»* (Matth. 26,39). Was man sich erhofft oder erbittet, sollte dem Verlangen entspringen, damit *vor allen Dingen* Gott zu ehren und Ihm zu gefallen. Wenn durch die Erhörung des Gebets andere gesegnet werden und Sie einen Nutzen davon haben, umso besser. Falls Gott «nein» sagt (was ja auch eine Erhörung des Gebets ist), dann sollten Sie nicht übermässig enttäuscht sein, wenn es Ihnen wirklich um die Ehre und das Wohlgefallen Gottes geht. Gott hat ja schliesslich Ihre Worte «sondern wie du willst» positiv beantwortet.

Jakobus erwähnt dieses Thema noch unter einem anderen Gesichtspunkt am Ende von Kapitel 4. Er sagt dort, dass der Händler beim Planen seiner Reiseroute sagen soll: «Wenn der

Herr will …» Wir werden in einem späteren Kapitel noch darauf eingehen, doch sei hier schon darauf hingewiesen, dass Jakobus voraussetzt, dass ein gerechter Händler trotz seines Planens immer den Willen Gottes zu tun beabsichtigt.

Gott verabscheut selbstsüchtiges Beten. Das Vaterunser stellt Gott an den Anfang und nicht den Menschen, und Er gibt damit die richtige Reihenfolge für jedes Gebet an. Würde Gott Ihre selbstsüchtigen Bitten positiv beantworten, dann würden Sie Seine Gaben nur vergeuden. Er will aber, dass Sie alles, was Sie haben und sind, *für Ihn* einsetzen. Genau das ist es, was Jakobus mit seiner zweiten Bedingung zum erhörlichen Beten meint.

Wenn Sie in richtiger Absicht beten, dann ist die Wahrscheinlichkeit auch viel grösser, dass Sie, was Sie empfangen, auch richtig verwenden werden: aus Liebe zu Gott und aus Liebe zu Ihrem Nächsten, und nicht aus Eigenliebe. Gerade in unserer Zeit, die von Selbstsucht gekennzeichnet ist und wo man überall, selbst in der Gemeinde, den Egoismus mit allen möglichen Argumenten zu rechtfertigen sucht, ist es so wichtig, über diese Bedingung zum erhörlichen Beten Klarheit zu haben. Es gäbe sonst kaum etwas, das Sie vom Vergeuden der Gaben Gottes abhalten würde. Diese Bedingung veranlasst Sie zu überlegen, bevor Sie beten. Dadurch kann dem Egoismus Einhalt geboten werden und eine geizige Gesinnung wird eher offenbar. Dies ist an sich schon ein grosser Segen, und Sie werden dazu gebracht, wie ein echter Christ zu denken und zu handeln.

c) Ernstlich und bestimmt beten

«Viel vermag eines Gerechten Gebet in seiner Wirkung. Elia war ein Mensch von gleichen Empfindungen wie wir; und er betete ernstlich, dass es nicht regnen möge, und es regnete nicht auf der Erde drei Jahre und sechs Monate. Und wieder betete er, und der Himmel gab Regen, und die Erde brachte ihre Frucht hervor» (Jak. 5,16–18).

In Jak. 5,15 wird wiederum die Wichtigkeit des Gebets des Glaubens hervorgehoben, und zwar im Zusammenhang mit der Heilung der Kranken. Sodann erwähnt Jakobus Elias Gebet, um damit die grosse Wirkung des vertrauensvollen Gebets aufzuzeigen, und um die Treue Gottes zu zeigen und damit zum Beten zu ermutigen. Das Wort Gebet kann auch mit «Flehen» wiedergegeben werden, und Jakobus fügt hinzu, dass Elia «ernstlich» betete. Es werden uns hier zwei neue Aspekte zum erhörlichen Gebet vorgestellt:

- man muss bestimmt und konkret beten
- man muss ernstlich oder inbrünstig beten.

Konkretes, bestimmtes Beten *(deesis)* entstammt dem Bewusstsein, dass ein Mangel besteht. Gewöhnlich drückt man dies in einem starken Verlangen aus. Ein Missionar wird in dieser Weise beten, wenn er konkret um einen Landrover bittet, der es ihm dann ermöglichen wird, das Evangelium in entlegene Gebiete zu bringen. Man wird nur dann so beten, wenn ein konkreter Anlass, eine Notwendigkeit dazu besteht und nicht aus Routine.

Elias Gebet war ernstlich (V. 17). Jakobus verwendet hierbei einen Hebraismus, und zwar einen der wenigen, die wir im Neuen Testament finden. Wörtlich sagt er: «Er betete mit Gebet», was eine Verstärkungsform ist, womit die Ernsthaftigkeit betont wird. Man könnte diese Form auch mit «Er betete aber wirklich» wiedergeben. In der Menge-Übersetzung finden wir den Ausdruck «inständig».

d) Beten, wenn unsere Beziehung zu Gott stimmt

Wir kommen nun zum wichtigsten Punkt, den Jakobus im Zusammenhang mit Gebet erwähnt. Er fasst die innere Einstellung, den geistlichen Zustand des Beters, mit folgenden Worten zusammen: *«Das Gebet eines Gerechten vermag viel in seiner Wirkung»* (V. 16).

Der Gerechte ist ein Mensch, der a) gerechtfertigt ist (in Gottes Augen gerecht ist) durch den Glauben an Jesus Christus und der b) gerecht lebt (d. h. in Übereinstimmung mit dem Wort Gottes).

Gott ist nicht irgendein kosmischer «Gebetsautomat», und beim Beten geht es nicht darum, dass man «Gebets-Chips» in den Apparat wirft und die richtigen Knöpfe drückt und dann wartet, bis die Gaben herausrollen. Viel zu oft hat man vom Beten solche Vorstellungen. Gebet heisst: Eine Person bittet eine andere Person um etwas. Gott ist eine *Person,* nicht eine Maschine oder eine unpersönliche, kosmische Kraft.

Man bittet normalerweise nicht einmal seinen leiblichen Vater, auch wenn er einen liebt, um etwas, wenn die Beziehung zu ihm gestört ist. Zuerst muss die Beziehung wieder in Ordnung gebracht werden.

Gott ist nicht verpflichtet, Ihre Gebete gemäss *Ihren* Vorstellungen, nach *Ihrer* Art und zu dem von *Ihnen* gewünschten Zeitpunkt zu erhören. Er ist eine Person, aber weil Er auch Gott ist, bestimmt Er die Bedingungen und Voraussetzungen zum Gebet. In der Tat: Hätte Er uns nicht dazu aufgefordert und ermutigt, im Namen Seines Sohnes zu beten, würden wir sündige Menschen es kaum gewagt haben, in Seine Gegenwart zu treten. Er fordert uns auf, «mit Freimütigkeit hinzuzutreten zum Thron der Gnade» (Hebr. 4,16). Jedoch müssen wir als gerechtfertigte Menschen kommen, die auf gerechten Wegen wandeln. Wir haben die Wege der Ungerechtigkeit, die das Gebet hindern, schon erwähnt: unbereute Sünde, Wankelmut, Egoismus, Unversöhnlichkeit, schlechte Beziehungen, (vgl. Ps. 24,3–6). Grundsätzlich erwartet Gott eine Herzenshaltung, die durch folgende Worte gekennzeichnet ist: «Vergib mir meine Übertretungen.» Bitten sollten in Demut, wenn nötig in einer bussfertigen Haltung, hervorgebracht werden, wobei man Gott für die Vergebung danken soll, die Er jedem noch so gerne zuspricht.

Jakobus macht deutlich, dass Gebete erhört werden, *nicht* wegen einer besonders frommen körperlichen Haltung, erhobener oder gefaltener Hände, sondern weil ein gerechtfertigter Mensch dem Willen Gottes gemäss und in richtiger Absicht betet und dabei um Dinge bittet, die biblisch vertretbar sind. Erhörliches Beten ist zur Hauptsache eine Frage des Herzens.

6. Sie können ehrliche Motive haben

«Er hat mich angelogen! Er hat eine Lohnerhöhung bekommen und mir nichts davon gesagt. Ich hätte es nie erfahren, wenn ich nicht jenen Scheck gefunden hätte. Und jetzt hätte ich aber gern gewusst, was er in diesen vier Monaten mit dem zusätzlichen Geld gemacht hat. Das Einzige, was ich mir vorstellen kann, ist, dass eine andere Frau im Spiel ist. Was soll ich nur machen?»

«Nun Sam, was hast du dazu zu sagen? Hat Brenda Recht? Was war mit der Gehaltserhöhung?»

«Nun, das mit der Gehaltserhöhung stimmt; ich habe ihr tatsächlich nichts davon gesagt. Aber da ist keine andere Frau im Spiel.»

«Ja gut, dann kannst du es ja erklären.»

«Muss das denn sein?»

«Es scheint angebracht zu sein.»

«Gut, wenn du es unbedingt willst, aber ich tu es sehr ungern (Er nimmt seine Brieftasche hervor). Schau, hier hab ich alles. Ich habe gespart, um mit Brenda zwei Wochen Urlaub in Cancun verbringen zu können. Mit dem Reiseveranstalter ist alles schon geregelt; ich müsste nur noch den nächsten Zahltag abwarten, dann könnten wir fahren. Jetzt ist die ganze Überraschung dahin.»

Diese Geschichte kann als Beispiel für mehrere Dinge dienen, wobei unter anderem das Problem angeschnitten wird, dass man oft die Motive eines andern beurteilt (meistens falsch beurteilt). Jakobus hat uns hierzu einige wichtige Dinge zu sagen.

Im 2. Kapitel seines Briefes geht Jakobus auf das Problem ein, dass man gewisse Menschen bevorzugt behandelt. Er bezeichnet es als Sünde, wenn man jemanden wegen seines Reichtums begünstigt. Er lehrt, dass in Gottes Augen Armut nichts Schlechtes ist und Reichtum keinen Vorzug mit sich bringt. Wir können Gott mit unserem Geld nicht beeindrucken, und deshalb sollten wir uns auch nicht davon beeinflussen lassen. Der arme Gläubige soll sich seines Reichtums in Christus rühmen und sich daran freuen, dass auch er ein Erbe des Reiches Gottes ist. Im gleichen Atemzug zeigt Jakobus dem reichen Gläubigen auf, dass er abgesehen vom Reichtum in Christus bettelarm ist. Er sollte deswegen sein Augenmerk auf die himmlischen Reichtümer richten, demütig sein und erkennen, dass sein irdischer Reichtum schnell vergehen wird. Sowohl der Reiche wie auch der Arme sind vor Gott gleich, und auch wir dürfen keinen Unterschied zwischen ihnen machen. Jakobus möchte falsche Vorstellungen über Reichtum und Armut in der Gemeinde beseitigen, und er tut dies, indem er uns zeigt, wie Gott das Ganze betrachtet.

Er beginnt damit, dass er eine typische Szene in der Gemeinde schildert und weist dadurch auf die Versuchung hin, einem Reichen zu schmeicheln. Er veranschaulicht, wie ein reicher Besucher in prächtigen Kleidern in die Gemeinde kommt und man ihn umgibt und wie ihm alle Aufmerksamkeit zuteil wird, während der arme Besucher kaum beachtet wird (2,1–10). Sodann wendet er sich an den Leser und sagt, dass man sich durch ein solches Verhalten zum Richter mit «bösen Überlegungen» macht (V. 4). Jeder Richter, der sein Urteil aufgrund von Beeinflussung von aussen fällt, ist ein böser Richter. Dasselbe gilt für den Gläubigen, der einen Unterschied macht zwischen Arm und Reich. Er tut dies aus «bösen Überlegungen» (oder *Motiven*) heraus. Das Motiv in dieser Situation scheint die Erwartung zu sein, vom reichen Besucher eine Gunst zugesprochen zu erhalten und vielleicht auch mögliche Schwierigkeiten von vornherein auszuschliessen. Das Motiv wäre demnach Habsucht oder Menschenfurcht oder beides.

Oft wird zwischen Menschen ein Unterschied gemacht, ohne dass man dies aus persönlichen Motiven tut. Man handelt so aus dem echten Verlangen, der Gemeinde damit einen Gefallen zu tun, und nicht, um sich selbst zu bereichern. Manchmal kann es auch zu einer Vermischung der Beweggründe kommen. Wie dem auch sei, Jakobus verurteilt jede Bevorzugung und Begünstigung, die man jemandem aufgrund seiner gesellschaftlichen oder finanziellen Stellung gewährt. Ein solches Verhalten ist abzulehnen, sagt er, da es «bösen» Motiven (oder Gedanken) entspringt.

Weil Motive immer mit inneren Gedankengängen zusammenhängen, ist es besonders wichtig, darüber Klarheit zu haben. Unterschiede zwischen Personen zu machen, ist nach Jakobus aus folgenden Gründen falsch und töricht:

1. Weil man damit überhaupt nicht mit dem Willen Gottes übereinstimmt, der uns in Seinem Wort geoffenbart ist (3. Mose 19,15 + 18).
2. Weil man dadurch den Leib Christi spaltet (1. Kor. 12,12 + 21–25; Jak. 2,4).
3. Weil man sich dadurch eine Stellung anmasst, die einem nicht zusteht.
4. Weil man dem Armen schadet, dadurch, dass man ihn verachtet; aber auch dem Reichen schadet, dadurch, dass man dann keinen guten Einfluss mehr auf ihn hat; und man schadet dem Werk Christi, da der Name Gottes vor der Welt verunehrt wird (V. 6).
5. Weil es töricht ist, die zu verachten, die Gott liebt (V. 5), und die zu ehren, die einen unterdrücken (V. 6) und den Namen Gottes lästern (V. 7).

Wenn Sie in Ihrem Glaubensleben Unterschiede zwischen Menschen gemacht haben, dann möchte Jakobus, dass Sie aus den oben genannten Gründen Busse tun und über Ihre Motive nachdenken. Das ist es, was Jakobus mit diesem Abschnitt in seinem Brief bezwecken will.

Weil ihm aber darüberhinaus unsere Motive – die inneren Beweggründe für unsere Handlungen nach aussen – am Herzen liegen, begnügt er sich nicht mit dem bisher Gesagten. Er weist ferner darauf hin, dass Motive *missverstanden* werden können. Deshalb ist es für Sie umso wichtiger, Ihre Motive genau zu überprüfen. In Vers 8 betont er: *«Wenn ihr wirklich das königliche Gesetz 'Du sollst deinen Nächsten lieben wie dich selbst' nach der Schrift erfüllt, so tut ihr recht.»* Damit will er sagen, dass man sich eines Reichen wohl besonders annehmen darf, wenn es aus einem ehrlichen Motiv geschieht, nämlich aus echter Liebe. Sie müssen sich über Ihre Motive im Klaren sein, da sowohl die andern, aber auch Sie selbst, Ihre Motive leicht missverstehen und verwechseln könnten.

Wir haben die Neigung, unsere Sünden als etwas anderes zu bezeichnen, zum Beispiel als ein «Bedürfnis», eine «Schwäche» oder eine «schlechte Gewohnheit». Wir dürfen uns nicht mit solchen Entschuldigungen zufriedengeben und müssen uns beständig überprüfen. Es kommt aber auch oft vor, dass wir die Handlungen anderer als Sünde bezeichnen, auch wenn dies nicht zutrifft (was Hiobs Freunde taten). Dies ist besonders eine Gefahr für solche, die wirklich nach der Bibel leben wollen. Es fällt uns deshalb so leicht, weil unser alter Mensch immer noch die Neigung zur Sünde hat und wir oft nur auf das Äussere schauen und Dinge sehen, die oberflächlich betrachtet als sündig erscheinen, es aber nicht sind. Wir massen uns dabei an, die Beweggründe des andern beurteilen zu können.

Motive in Frage stellen

Merken Sie sich bitte folgende Regel, von der Sie nicht abweichen sollten: *Es ist nicht Ihre Sache, die Motive eines andern zu beurteilen.* Es ist ja schon schwierig genug, Ihre eigenen Motive richtig zu beurteilen. Gott hat keinem von uns die Aufgabe übertragen, die Beweggründe der andern zu beurteilen. Dazu sind wir auch gar nicht imstande. Die Bibel macht es wiederholt deutlich, dass *Gott allein* die Motive der Menschen beurteilen kann. Er hat diese Aufgabe für sich selbst aufgespart, da nur Er die Gedanken der Menschen versteht und in ihre Herzen sehen kann.

«Denn der Mensch sieht auf das, was vor Augen ist, aber Gott sieht auf das Herz» (1. Sam. 16,7). Hier werden die Fähigkeiten Gottes und des Menschen klar unterschieden.

Gott wird auch der «Herzenskenner» genannt (Apg. 1,24). Jeremia fragt, als er sich der Hoffnungslosigkeit seines Vorhabens bewusst wurde: *«Wer kennt sich mit ihm* (dem Herz) *aus?»* Und Gott antwortet: *«Ich, der Herr, bin es, der das Herz erforscht»* (Jer. 17,9 + 10). Unsere Aufgabe ist es, einen Menschen anhand seiner *Handlungen* und seiner *Worte* zu beurteilen; Sie dürfen nie versuchen, seine Motive in Frage zu stellen.

Wie oft aber versuchen Eheleute genau das zu tun. Dies tat auch Brenda und machte durch ihr Misstrauen eine wunderschön ausgedachte Überraschung zunichte. Sie hat ganz einfach versucht, Sams Motive zu verstehen, und ist dabei kläglich gescheitert. Ehefrauen und -männer erzählen ihrem Seelsorger: «Ich bin sicher, er/sie wird es nicht tun; er/sie meint es gar nicht so.» Aber auch Eltern beurteilen die Gedanken ihrer Kinder, anstatt sie zu bitten, den Grund für ihr Verhalten zu nennen. Gemeinden zögern manchmal, wenn es darum geht, ausgeschlossene Gläubige wieder aufzunehmen, auch wenn sie Busse getan haben, da man sagt: «Wir wissen nicht recht, ob sein Sündenbekenntnis echt war.» Solche Dinge zu beurteilen, ist weder Ihre Sache noch Sache der Gemeinde, sondern allein Gottes Sache.

Scheinbare Sünden

Es gibt gute Gründe, weshalb Gott sündige, fehlbare Menschen nicht mit der Aufgabe betrauen wollte, die Beweggründe anderer zu beurteilen. Was manchmal als Sünde erscheint, entpuppt sich später als völlig harmlos. Trotz der heftigen Worte, die Jakobus zur Verurteilung jeglichen Ansehens der Person gebraucht und der Wichtigkeit, die er diesem Thema beimisst, schiebt er seinen Gedankengang für einen Moment beiseite und fügt eine sehr wichtige Zwischenbemerkung ein (2,8). Er sagt in diesem Vers, dass es möglich ist, sich einer reichen Person in einer Art anzunehmen, die nach Ansehen der Person «riecht», es aber nicht ist. Dieses an sich verdächtige Verhalten stellt sich nachträglich als völlig berechtigt und schriftgemäss heraus.

In der Tat scheint Jakobus damit anzudeuten, dass ein und dieselbe Handlung aus ganz verschiedenen, ja sogar entgegengesetzten Motiven geschehen kann. Es ist denkbar, dass Sie, um das königliche Gesetz der Liebe zu erfüllen – wobei Ihr einziger Beweggrund die Liebe ist –, einen Reichen besonders zuvorkommend behandeln und ihn zu einem Platz in der vordersten Reihe begleiten, genauso wie Sie bei anderer Gelegenheit einen Armen bevorzugt behandeln. Sie kümmern sich demnach in besonderer Weise um ihn, nicht damit Sie einen Nutzen davon haben, sondern weil Sie möchten, dass er das Evangelium hört und gerettet wird. Wenn Ihnen überdies bekannt war, dass der Reiche schlecht hört, dann war Ihr Verhalten wirklich überlegt und vorbildlich. Andere hingegen, denen diese Tatsache nicht bekannt war, stufen Ihr Verhalten als ein Ansehen der Person ein. Dies wäre auch verständlich, da man solche Sachen oft aus egoistischen Motiven tut. Und dennoch hat niemand das Recht, die Motive des andern in Frage zu stellen. Man könnte Jakobus' Worte auch so wiedergeben: Es ist nicht alles Gold, was glänzt, und doch ist einiges davon echt.

So wie man in einer sündigen Welt jeden Patriotismus und jede heldenhafte Tat in der Geschichte als vom Egoismus geprägte Handlungen abtun kann, so ist es auch für einen Gläubigen möglich, gegenüber jeder freundlichen Handlung anderer Christen sehr skeptisch zu sein. Wenn man sich seiner eigenen unlauteren Motive bewusst ist, kann man sehr leicht zynisch werden und alle scheinbar guten Werke bösen Motiven zuschreiben.

Vielleicht gehören auch Sie zu dieser Gruppe von Zynikern. Falls dies zutrifft, so dürfte es Ihnen jetzt bewusst geworden sein, wie stark die Versuchung ist, Ihrem Nächsten für sein Verhalten böse Motive zu unterstellen und dies umso mehr, da die Bibel uns in eben diesem Abschnitt eindringlich vor bösen Motiven warnt. Nichtsdestoweniger gilt es die Anweisung des Jakobus zu beachten, unsere Motive zu überprüfen.

Wir müssen lernen, jeden Zynismus andern gegenüber zu bekämpfen. Dies geschieht, wenn wir lernen, aus Liebe «alles zu glauben, alles zu hoffen und alles zu erdulden», was das Verhalten anderer angeht. Dieser wichtige Anhaltspunkt aus 1. Kor. 13,7 bedeutet, dass man jedem Bruder und jeder Schwester in Christus ohne Misstrauen begegnen soll, solange wir keinen klaren Beweis für irgendein Fehlverhalten haben. Man sollte ihnen immer gute Motive unterstellen. Ihr Verhalten andern gegenüber sollte von dieser Einstellung geprägt sein, zumal Sie tatsächlich ausserstande sind, die Beweggründe der andern richtig zu beurteilen.

Obwohl der oben erwähnte Gedanke wichtig ist, stellt er doch nicht das Hauptanliegen des Jakobus dar. Er lenkt vielmehr die Aufmerksamkeit auf jenen Menschen, der etwas tut. Er möchte ihn dazu bringen, seine eigenen Motive zu überprüfen. Lassen wir Jakobus noch einmal zu Wort kommen: «Wenn ihr wirklich das königliche Gesetz erfüllt …, so tut ihr recht.»

Das Wort *wirklich* hat hier besondere Bedeutung. Jakobus will damit sagen, dass auch wenn alle äusseren Anhaltspunkte einen anderen Schluss zulassen, er doch glaubt, dass Ihr Interesse am Reichen lauter ist. Ihr Verhalten entspringt offensichtlich dem Wunsch, das königliche Gesetz der Liebe zu erfüllen. Somit tun Sie wohl, diese Reichen bevorzugt zu behandeln: «… so tut ihr recht.»

Vielleicht ist der reiche Mann noch ungläubig, und wie ich schon erwähnt habe, hört er schlecht. Dass Sie dann für ihn einen besonders guten Platz aussuchen, von dem aus er alles gut verstehen kann, beweist Ihre vorbildlich evangelistische Gesinnung. Sie tun somit recht, da Sie aus Liebe zu den Verlorenen und nicht aus selbstsüchtigen Motiven handeln. Ihr Verhalten kann aber von andern, die über die Schwerhörigkeit des Reichen nicht informiert sind, falsch verstanden werden. Natürlich ist dieses Richten falsch, und auch Sie dürfen sich nicht davon abhalten lassen, das Gute zu tun, selbst auf die Gefahr hin, dass Sie missverstanden werden.

Missverstanden werden

Es ist nicht angenehm, wenn man missverstanden wird oder einem Dinge vorgeworfen werden, die man niemals zu tun beabsichtigte. Vor Jahren wurde mir einmal der Vorwurf gemacht, ich hätte während eines Vortrages Dinge gesagt, um meine Zuhörer zu ärgern, was ich jedoch nie vorhatte. Dieser Vorwurf überraschte mich umso mehr, als man mir gewöhnlich eher das Gegenteil vorhält. Für einen Augenblick war ich sprachlos. Zu Hause angekommen, versuchte ich das Ganze anhand der Bibel zu überdenken. Heute weiss ich, was ich antworten würde, wenn man mich fälschlicherweise anklagte: «Lieber Freund, Gott hat Ihnen weder das Recht noch die Gabe gegeben, meine Motive in Frage zu stellen, und in der Tat haben Sie sich in Ihrem Urteil gründlich geirrt. Ich möchte Sie deshalb bitten, darüber Busse zu tun und Ihre Worte zurückzunehmen.»

Jakobus will Ihnen aber nicht sagen, dass Sie über die Motive gar nicht nachdenken sollen. Auch wenn Sie die Motive der andern und die andern Ihre Motive nicht kennen können, müssen Sie dennoch Ihre eigenen Motive überprüfen. Diese Verantwortung hat Gott in Ihre Hände gelegt. Andere könnten Sie missverstehen und der Sünde bezichtigen. Doch nicht, was die andern sagen oder denken ist wichtig, sondern ob Sie Ihre Handlungen vor Gott verantworten können, das zählt. Sie müssen wissen, ob Ihre Motive ehrlich sind.

Sie müssen Klarheit darüber haben, dass Sie in erster Linie aus Liebe zu Ihrem Nächsten handeln. Auch wenn Ihnen andere Gedanken oder vielleicht Rachegedanken durch den Kopf gehen – selbstsüchtige Gedanken –, weisen Sie diese von sich und schreiten Sie voran, «tun Sie recht» im Vertrauen darauf, dass Gott genau weiss, was in Ihnen vorgeht.

Wenn Sie überzeugt sind, dass Ihre Beweggründe ehrlich und im Einklang mit der Bibel sind, lassen Sie sich nicht von Ihrem Weg abbringen, egal, was die andern sagen oder tun. Jakobus fordert uns auf, das Gute zu tun und sagt klipp und klar: *«Wer nun weiss, Gutes zu tun, und tut es nicht, dem ist es Sün-*

de» (Jak. 4,17). Ferner sollten Sie gar nicht daran denken, dass die andern vielleicht Ihre ehrlichen Motive in Frage stellen könnten, denn damit würden Sie sich ja zum Richter Ihrer Gedanken machen. Die ganze Sache kann sehr verzwickt werden; wenn Sie aber die Prinzipien beachten, die Jakobus lehrt, dann sieht alles viel einfacher aus:

1. Beurteile nicht die Motive anderer.
2. Überprüfe deine eigenen Motive.
3. Tue Gutes, ohne auf das Misstrauen der andern zu achten.

Sollte Ihnen jemand öffentlich böse Motive vorwerfen, und Sie wissen, dass dies nicht stimmt, dann kann es angebracht sein, den andern auf seine Sünde hinzuweisen, die er begangen hat, dadurch dass er Ihre Motive in Frage gestellt und sich dabei geirrt hat. Sie dürfen ihn bitten, sich bei Ihnen zu entschuldigen.

Der entsprechende Abschnitt im Jakobusbrief behandelt eine schwer durchschaubare Form des Bösen. Jakobus warnt uns davor und möchte uns helfen, diese List zu erkennen. Es geht um die Erkenntnis, dass ein und dieselbe Handlung aus ehrlichen oder bösen Motiven geschehen kann. Wir sollten dabei an die Ermahnung des Paulus in 1. Kor. 13,7 denken, dem andern mit Vertrauen zu begegnen. Wenn wir dem andern böse Motive unterstellen, richten wir ihn und begehen selbst eine Sünde. Die Worte des Jakobus sind überaus wichtig, da wir meistens in einem der drei Punkte straucheln: Entweder richten wir die andern, oder wir richten uns selbst nicht, oder aber wir lassen uns von andern davon abhalten, das Gute zu tun.

Es ist bemerkenswert, dass die Pharisäer das Böse genau in dieser Form begingen, als sie das Wirken Jesu beurteilten. Sie warfen Ihm vor, mit guten Werken das Werk des Beelzebub zu fördern. Da Er manchmal in Gemeinschaft mit Säufern und Fressern gesehen wurde, wurde Ihm ein ähnlicher Lebenswandel nachgesagt. Da sich viele bekannte Sünder und von der Gesellschaft Verstossene bei Ihm aufhielten, weil Er am Sabbat heilte, und wegen einer Reihe anderer Dinge, die Er noch tat, kamen sie zum Schluss, dass auch Er ein sündiger Mensch sein müsse und nicht von Gott sein könne (Joh. 9,16).

Die sichtbaren Anhaltspunkte, auf die sich die Pharisäer berufen konnten, schienen ihnen tatsächlich Recht zu geben. Dies traf aber nicht immer zu. In ihrem Urteil gingen sie zu weit und stellten absolute Massstäbe auf, wo Gott keine aufgestellt hat. Für sie gab es keine einzige Ausnahme von der Regel. Es gab für sie kein Sowohl-als-auch wie bei Jakobus, nämlich dass eine Handlung aus einem ganz anderen Motiv geschehen kann, als man bisher angenommen hatte. Weil sie ferner dem Herrn kein Vertrauen entgegenbrachten, waren sie blind für die wahren Beweggründe des Herrn: zu suchen und zu retten, was verloren war. In der Folge wurden sie Seine bittersten Feinde und brachten Ihn schliesslich um. Es haben beim Sterben Jesu sicher noch andere Gründe eine Rolle gespielt, doch sticht das Versagen der Pharisäer auf dem Hintergrund der Warnung des Jakobus umso deutlicher hervor. Wer seine Warnung auch heute noch in den Wind schlägt, wird vielleicht einmal mit schwer wiegenden Folgen zu rechnen haben.

Aus den Evangelien ist klar ersichtlich, dass Jesus dennoch damit fortfuhr, Gutes zu tun, und sich nicht von den Worten und Gedanken der Pharisäer aufhalten liess. Im Gegenteil: Er erklärte Seine Motive und wies die Pharisäer wegen ihres sündigen Richtens zurecht. Auch Sie müssen den Mut haben, den Willen des Herrn zu befolgen, egal, wie viele Feinde Sie sich damit machen könnten. Ich weiss, dass Kritik und Verachtung einem zu schaffen machen, und dennoch dürfen Sie nicht einfach eine gute Gewohnheit, die die Schrift bestätigt, aufgeben. Wenn Ihnen Gläubige aus Ihrer Gemeinde böse Motive unterstellen und Sie sie danach von ihrer Sünde des Richtens überführen, sie fahren aber mit ihren Anschuldigungen fort, dann ist der Zeitpunkt gekommen, dass Sie die Angelegenheit vor die Ältesten bringen müssen und Gemeindezucht ausgeübt werden muss.

Erinnern Sie sich daran, jemandem böse Motive nachgesagt zu haben? Dann suchen Sie ihn so schnell wie möglich auf und bitten ihn um Vergebung. Haben Sie etwas nicht getan aus Furcht vor den andern, obwohl Sie wissen, dass es der Wille Gottes für Sie war? Dann gehen Sie hin und erklären Sie Ihre Beweggründe; ob die andern Ihnen dann glauben oder nicht, gehen Sie vorwärts.

Ihre Verantwortung

Ihre Verantwortung vor Gott ist es nun, Ihre eigenen Motive zu prüfen. Jakobus fasst das Ganze wie folgt zusammen: Erstens anerkennt er, dass ein Verhalten als Sünde missverstanden werden kann. Dann macht er Ihnen Mut, auf dem eingeschlagenen Weg zu bleiben, Gutes zu tun, ohne auf die andern zu achten. Aber er fügt eine Warnung an: «Sei ganz sicher, dass deine Motive gut sind», sonst begehst du tatsächlich eine Sünde (2,9).

Anders ausgedrückt, überlässt Ihnen Jakobus die Verantwortung, Ihre Motive zu überprüfen. In dieser Beziehung gleicht er Paulus, der, wo es um die Zulassung zum Mahl des Herrn geht, schreibt: *«Der Mensch aber prüfe sich selbst»* (1. Kor. 11,28). Er sagt nicht, dass die anderen (nicht einmal die Ältesten) ihn prüfen sollen. Der Grund dafür liegt darin, dass niemand in das Herz des andern sehen kann. Deshalb überträgt auch Paulus die Verantwortung nur dem, der als Einziger fähig ist, sein Herz zu überprüfen, nämlich dem betreffenden Menschen selbst.

Jakobus scheint auf einen Punkt besonderes Gewicht zu legen: Man muss es tun. Und er gibt sodann auch den Massstab an, den man zur Selbstprüfung benützen soll: das Wort Gottes. In Kap. 2,8–10 sagt er, dass die Sünde durch das Gesetz definiert und aufgedeckt wird. Er zitiert dort 3. Mose 19,18 und stellt damit jedem die Frage: «Geschieht das, was du beabsichtigst zu tun, aus Liebe zu deinem Nächsten oder nicht?» Die Gefühle sind dabei gar nicht so wichtig, und es geht auch nicht darum, was die andern denken. Es ist allein eine Frage der Beweggründe, die nur Sie zu beurteilen imstande sind.

Vielleicht gehören Sie auch zu den zahlreichen, die zur Bestimmung von Gut und Böse, von ehrlich und falsch, andere

Bewertungskriterien als die Bibel benützen. Sie nehmen Ihre Gefühle als Massstab, oder Sie schauen auf das Ergebnis einer Handlung, oder Sie vertrauen auf Ihre Erfahrung oder Tradition, oder Sie machen alles von den Umständen abhängig. *Nichts* kann die Bibel als zuverlässigen Massstab zur Bewertung einer Sache ersetzen. Alles andere genügt ganz einfach nicht. Wenn Sie sich über Ihre Motive im Klaren sein wollen, müssen Sie diese anhand des biblischen Massstabs überprüfen. Dazu muss man die Bibel gut kennen, sie sorgfältig studieren, sich belehren lassen und lernen, die Bibel als Massstab im täglichen Leben anzuwenden. Das Ganze braucht Zeit und erfordert Fleiss, aber was es Sie auch kosten mag, Sie müssen es tun.

Weshalb genügen ausserbiblische Massstäbe denn nicht? Weil Gott es so bestimmt hat, dass wir nur durch das Gesetz erkennen können, was Sünde ist und was nicht (vgl. Röm. 7,7–12). Er sagt, dass Ungehorsam dem Gesetz (der Bibel) gegenüber Sünde ist (Jak. 2,10). Wendet man andere Massstäbe als die Bibel an, so wird man nichts als Probleme haben. Wenn Gott uns aufzeigt, wie wir bestimmen können, was Sünde ist, weshalb sollten wir eine andere Methode wählen?

Jakobus schreibt, dass *jede* Übertretung Sünde ist. Dies kann nicht anders sein, denn welches göttliche Gesetz Sie auch übertreten mögen, der Gesetzgeber ist immer der gleiche: Es ist Gott, gegen den Sie sündigen. Auch wenn Sie nur eine Sünde begehen würden, so sind Sie dennoch schuldig; Sie haben das Gesetz übertreten. Es geht nicht darum, wie viele Sünden Sie begangen haben, sondern dass, wenn Sie sündige Motive haben (oder Tatsünden begehen), Sie damit Gottes Gesetz übertreten und gegen Gott sündigen. Um überhaupt nur eine Sünde begehen zu können, muss sich Ihr Herz zuvor von Gott abgewandt haben. Wenn nur ein Glied in einer Kette reisst, dann ist die ganze Kette zerbrochen, nicht nur das eine Glied.

Jakobus will damit eines klarmachen: Es ist weder die Art der Sünde noch die Anzahl, die Sie zum Gesetzesübertreter vor Gott stempelt. Was zählt, ist vielmehr die Tatsache, dass

Sie Ihn überhaupt verunehrt und Sein Wort nicht befolgt haben – sei es durch Notlügen, Ansehen der Person, oder was auch immer. In diesem Sinn ist jede Sünde gleich schlimm. Sünde ist Sünde, und man sollte keine Abstufungen machen. Es gibt nur ein Gesetz, wie es nur einen Gesetzgeber gibt, Gott.

In Christus kommt das Gesetz der Freiheit zur Anwendung. Ihre Worte und Handlungen sollten Sie anhand dieses Gesetzes überprüfen (V. 12) und sich nicht von andern richten lassen. Wenn Ihre Sünden vom Herrn Jesus Christus vergeben worden sind, dann hat Er Sie befreit, um Gott zu lieben und Ihm zu gehorchen. Sie dürfen sich dann nicht von andern davon abhalten lassen, auch wenn Sie missverstanden und kritisiert werden. Gott selbst wird sich um jene Leute kümmern, Sie aber werden letztlich triumphieren (2,12 + 13).

Vergessen Sie aber nie, dass auch Sie von Natur ein Gesetzesübertreter sind und dass alles Gute an Ihnen eine Frucht von Gottes Geist ist. Behandeln Sie die andern genauso, wie Sie von ihnen behandelt werden möchten. Seien Sie in Ihrem Urteilen mild; vermeiden Sie alle Vorurteile, Geschwätz über andere, Zweideutigkeiten, und beurteilen Sie nicht die Motive der andern. Achten Sie darauf, dass Sie ehrliche Motive haben. Diese wichtigen Anweisungen gibt Ihnen Gott bezüglich Ihrer Beweggründe.

7. Sie können Herr über Ihre Begierden sein

Da wir in einer Gesellschaft leben, in der nur die *Erfahrung* zählt, die Gefühle wichtig sind und alle Begierden befriedigt werden müssen, ist es für Sie lebenswichtig zu wissen, was die Bibel über Begierden alles lehrt. Jakobus gibt uns einen guten Einstieg und die anderen biblischen Bücher behandeln das Thema dann weiter.

Jakobus' Aussagen zu diesem Thema passen gut an den Anfang, weil er viele Bereiche des menschlichen Lebens behandelt und dabei die inneren Prinzipien und Kräfte, die in Ihnen wirksam sind, genau unter die Lupe nimmt. Er nennt drei Hauptpunkte zum Thema Begierden:

1. Unsere eigenen Begierden verlocken uns zum Sündigen.
2. Gibt man diesen Begierden nach, kommt es zur Tatsünde.
3. Jeder Mensch hat seine eigenen, ganz persönlichen Begierden und andere, die alle Menschen gemeinsam haben.

Begierde

Das Wort *Begierde* wird oft mit *Lust* übersetzt, was nicht sehr geschickt ist. Denn das Wort *Lust* wird heute fast nur noch im Zusammenhang mit sexuellem Verlangen verwendet. In der Bibel jedoch hat dieses Wort je nach Zusammenhang eine positive oder negative Bedeutung. In Luk. 22,15 (Verlangen, Sehnsucht), Phil. 1,23 (Lust) und 1. Thess. 2,17 (grosses Verlangen) wird Begierde in positivem Sinn gebraucht. Das Wort hat im Neuen Testament eine viel weitere Bedeutung als der heutige Begriff *Lust.* Mehrheitlich wird das Wort verwendet, um ein Verlangen auszudrücken, das in böser Absicht erfolgt. Um Missverständnissen vorzubeugen, haben die Schreiber manchmal dem Wort ein Adjektiv beigegeben, z. B. *fleischlich, böse* oder *schändlich* (Kol. 3,5; 1. Petr. 2,11).

Ferner wird das Wort *Begierde* verwendet, um die Sehnsüchte und Begehren eines Menschen hervorzuheben. Obschon der Mensch diese Sehnsüchte immer in seinem Körper wahrnimmt (er könnte sie ja gar nicht anders wahrnehmen), entstammen sie doch zwei ganz verschiedenen Quellen und werden in zwei Arten unterteilt:

1. *Angeborene, natürliche Begierden*
   Wir nennen sie auch manchmal «natürliche Triebe», z. B. Hunger, Durst usw.
2. *Begierden, die der Gedankenwelt, der Phantasie, entspringen*
   Dazu gehören das Streben nach Geld, Macht usw.

Die erste Art von Begierden gehört einfach zum Wesen des Menschen. Sie sind ein Teil seiner angeborenen Funktionen und können zur Ehre Gottes gebraucht werden, wenn man die Angaben der Schrift über diese Begierden befolgt. Keine dieser Begierden ist an sich schlecht. Erst wenn man diese Begierden zum falschen Zeitpunkt, in einer unerlaubten Absicht oder in einer falschen Art und Weise zu befriedigen sucht, entsteht daraus ein böses, schändliches Verlangen.

Die zweite Art von Begierden ist nicht angeboren. Es sind Begierden, die man sich im Laufe der Zeit angeeignet hat. Es entstehen daraus Gewohnheiten, die sich dann sehr wohl in einem körperlichen Verlangen ausdrücken. Wird dieses Verlangen gestillt, ergibt sich daraus ein körperliches Wohlbefinden; wird das Verlangen nicht gestillt, ist Frustration die Folge. Solche Begierden können sich auf vielfältige Art und Weise mit den angeborenen Begierden verbinden und vermischen. Sie müssen aber nicht notwendigerweise schlecht sein. Werden auch hier die Anweisungen der Schrift befolgt, so ist nichts dagegen einzuwenden. Sie können hingegen abgetötet werden, sind also nicht untrennbar mit dem Menschsein verbunden (Kol. 3,5). Hunger oder Durst kann nicht abgetötet, sondern lediglich im Zaume gehalten werden. Streben nach Reichtum oder Macht kann man abtöten und durch ein biblisches Streben nach anderen Dingen ersetzen. Man hat damit dann auch eine Versuchung aus dem Weg geschafft. Die Unterscheidung zwischen angeborenen Begierden, die im Zaum gehalten werden müssen, und Begierden, die der Gedankenwelt entspringen, die abgetötet und ersetzt werden müssen, gehört zu den grundlegenden Feststellungen, die jeder biblische Schreiber zum Thema Begierden macht.

Versuchung und Begierde

Im Kapitel über Versuchungen haben wir festgestellt, dass Jakobus die Verantwortung für das Sündigen demjenigen in die Schuhe schiebt, der gesündigt hat. Er sagt: *«Du darfst weder Gott noch irgendjemand anderem die Schuld für deine Sünden geben, ausser dir selbst. Jeder wird von seiner eigenen Begierde versucht»* (vgl. Jak. 1,14). Plötzlich begegnet Ihnen etwas, das ein angeborenes Verlangen in Ihnen weckt, sei es, weil Sie dieses Verlangen noch nicht befriedigt oder es nicht unter Kontrolle haben. Ihr Körper verlangt immer stärker danach und bringt Sie dazu, nach einer Möglichkeit zu suchen, wie das Verlangen befriedigt werden könnte. Gleicherweise kann auch eine Begierde über Ihre Gedanken geweckt werden und sich zu einem körperlichen Verlangen entwickeln. Jakobus legt Wert auf die Feststellung, dass es nicht die Person, der Gegenstand oder die Umstände sind, die Sie zur Sünde verleiten. Ihr drängendes Verlangen, das Sie nicht im Zaum haben oder sich angewöhnt haben, verleitet Sie zur Sünde.

Sie haben Ihre schlechten Gewohnheiten noch nicht durch gute ersetzt, oder Sie haben noch nicht gelernt, Ihre natürlichen Begierden unter Kontrolle zu halten, und deshalb werden Ihnen diese Dinge zur Versuchung. Wir brauchen aber zu diesem Thema «Versuchung und Begierde» nichts hinzuzufügen. Wir wollen nur auf das Kapitel «Sie können Versuchungen widerstehen» hinweisen.

Der Begierde nachgeben

Jakobus sagt: Sündigen ist eine Frage der inneren Zustimmung zu einem sündhaften Verlangen. Dabei redet man sich ein, dass man der Begierde nachgeben sollte. Auch wenn es zu jenem Zeitpunkt nicht möglich ist oder nicht angebracht scheint, eine Tatsünde zu begehen, so ergötzt man sich in Gedanken an jener sündhaften Begierde und sagt sich: «Immerhin kann ich es in Gedanken auskosten und meiner Phantasie freien Lauf lassen.» Viele Menschen malen sich alle möglichen schädlichen Dinge aus, die ihren Gegnern oder Feinden zustossen könnten, und steigern sich dabei in einen mörderischen Hass. Nicht von ungefähr warnt uns die Bibel: *«Wenn dein Feind fällt, freue dich nicht, und wenn er stürzt, frohlocke dein Herz nicht»* (Spr. 24,17).

Vor dieser Art von Versuchung warnte auch Jesus die Menschen, als Er davon sprach, wie Ehebruch im Herzen beginnt, dann nämlich, wenn man in Gedanken eine Frau begehrt. Man stellt sich die Frau bildhaft vor, wird sexuell erregt und verkehrt sogar mit ihr – alles in Gedanken. Die Gefühle, die man dabei empfindet, sind fast gleich stark, wie wenn die sexuelle Beziehung tatsächlich stattfände. Auch wenn dies alles nur in Gedanken geschieht, ist der Körper doch miteinbezogen. So gesehen, verstehen wir vielleicht besser, weshalb Jesus und Jakobus dieses gedankliche Ergötzen an verbotenen Dingen als Sünde bezeichnen. Gott will nicht, dass wir uns in Gedanken dergestalt gehen lassen. Unser Körper ist mit den Gefühlen (guten oder schlechten) an diesem Vorgang mitbeteiligt. Die Begierde, der man nachgegeben hat, stimuliert den Körper, und so erfreut sich der ganze Mensch an der Sünde. Es ist nicht nur eine Sache des Abwägens in Gedanken, sondern Seele und Körper sind an dieser Art der Sünde beteiligt, wenn auch nur innerlich.

Doch nun wollen wir zum dritten Punkt übergehen.

Begierden sind von Mensch zu Mensch verschieden

Rufen wir uns Jakobus' Worte in Erinnerung: *«Ein jeder wird versucht, wenn er von seiner eigenen Begierde (oder Lust) fortgezogen wird»* (1,14). Das Wort *eigenen* sollte besonders hervorgehoben werden. Es bedeutet, «seine *individuellen* Begierden» haben, oder wie es *Vincent* ausdrückt, «seine ausschliesslich eigenen Gelüste haben». Dasselbe Wort kommt im ersten Teil des Ausdrucks «Idiosynkrasie» vor. Eine Idiosynkrasie ist eine höchst persönliche Gewohnheit oder Eigenart. Jakobus will damit sagen, dass jeder von uns seine ganz bestimmten Begierden hat, für die er anfällig ist und die ihn dann zur Sünde verführen.

Wir alle haben gemeinsame, angeborene Begierden oder Triebe. Aber auch wenn diese Begierden zum Menschsein gehören, so sind sie doch nicht bei jedem gleich stark entwickelt. Jeder hat andere Gewohnheiten, verschiedene Vorstellungen von Disziplin, und so reagiert jeder individuell auf seine angeborenen Begierden, je nach Umständen und Personen. Deshalb ist es berechtigt, angeborene Begierden und Triebe als persönlich zu bezeichnen. Hinzu kommen noch die Begierden, die der Gedankenwelt entspringen und sich mit den anderen vermischen und so ganz persönliche Begierdenverbindungen bilden. Demzufolge spricht Jakobus richtigerweise von *eigenen* Begierden, die von Mensch zu Mensch verschieden ausgeprägt sind und in ganz unterschiedlichen Verbindungen vorkommen. Wir sündigen alle, aber jeder hat seinen eigenen «Stil». Wir werden alle versucht, aber die Versuchung ist jedem individuell angepasst.

Dieser Punkt ist sehr wichtig, denn daraus folgt, dass jeder persönlich über seine Schwächen und Begierden gut Bescheid wissen muss, damit er fähig ist, ihnen richtig zu begegnen, sie unter Kontrolle zu bekommen und sie in gute Gewohnheiten umzuwandeln. Niemand kann Ihnen diese Aufgabe abnehmen, da, wie wir es schon bei der Behandlung der Motive gesehen haben, niemand ausser Ihnen genau weiss, wie es in

Ihrem Innern aussieht. In einem anderen Zusammenhang sagt der Schreiber der Sprüche: *«Das Herz kennt seine eigene Bitterkeit, und kein Fremder kann sich in seine Freude mischen»* (Spr. 14,10). So wie die Versuchungen auf Sie persönlich zugeschnitten sein können, so gibt es auch einen auf Sie zugeschnittenen Weg zum Sieg über Versuchungen.

Wenn Ihnen hernach Ihre eigenen Schwächen und Begierden bekannt sind und Sie somit genau wissen, welche Personen, Sachen oder Umstände für Sie besonders gefährlich sein können, dann sind Sie so weit, dass Sie den Kampf gegen Ihre sündigen, fleischlichen Begierden aufnehmen können.

Sieg über sündige Begierden

Auf dem Weg zum Sieg über sündige Begierden müssen Sie zwei Dinge tun: Sie müssen Ihre angeborenen Begierden und Triebe unter Kontrolle bekommen und sich in Ihrem Verhalten von den Aussagen der Bibel leiten lassen. Sündige Gewohnheiten müssen durch biblische Gewohnheiten ersetzt werden. Da dies nicht von heute auf morgen geschieht, müssen Sie zuerst lernen, den sündigen Begierden im Glauben zu widerstehen (Jak. 4,7).

Es trifft zu, dass man seine Gefühle nicht einfach durch einen Willensakt ändern kann, aber Sie können dennoch das ändern, was Ihre Gefühle reizt. Sie sind also nicht für jeden Gemütszustand direkt verantwortlich, in dem Sie sich gerade befinden. Aber Sie sind immer verantwortlich für die individuelle Veranlagung, durch die Sie vom Bösen versucht werden, eine Veranlagung (oder Neigung oder Schwäche),

1. die Sie sich angeeignet haben, dadurch dass Sie Ihren angeborenen Begierden und Trieben in Gedanken (oder Taten) auf sündhafte Weise nachgegeben haben, und/oder
2. indem Sie Ihren Körper dermassen daran gewöhnt haben, auf diese sündhaften Begierden zu reagieren, dass ihn jetzt nach Befriedigung dieser Gelüste verlangt.

Wie dem auch sei, die individuelle Veranlagung zum Bösen ist eine Frucht von vergangenen Taten. Wenn jemand der Fresssucht verfallen ist und kaum davon loskommt, dann hat es damit zu tun, dass der Betreffende seinen Körper daran gewöhnt hat, nach gewissen Speisen, Süssigkeiten oder anderen Nahrungsmitteln zu verlangen, wobei sein Körper vorgibt, diese Dinge zu benötigen. Sobald er etwas zu essen sieht, kommt gewöhnlich vom Körper die «Meldung» (automatisch, unbewusst), dass er etwas braucht. Vielleicht hat Ihr Körper die Gewohnheit, nach Speisen zu verlangen, wenn Sie unter Stress stehen, oder zu ganz bestimmten Tageszeiten, oder an einem besonderen Ort, an dem Sie schon oft geschlemmt haben.

Wenn Sie tatsächlich übermässig essen und davon loskommen möchten, dann müssen Sie auf die oben erwähnten Punkte eingehen und sie bekämpfen, damit Sie diese sündige Begierde ablegen und sie durch eine biblische Gewohnheit ersetzen («anziehen») können. Ich habe diesen Vorgang des Ablegens und Anziehens in einem anderen Buch ausführlich behandelt.[17]

In ähnlicher Weise können andere sündige Gewohnheiten (Geiz, Streben nach Macht usw.) abgelegt werden. Sie müssen sie als solche erkennen, darüber Busse tun und sich biblische Gewohnheiten aneignen. Dieses Prinzip des Ablegens und Anziehens finden wir öfter in der Bibel, so zum Beispiel in Matth. 6,19 + 20; Eph. 4,22–26 und in Luk. 3,10–14.

Es ist selten, dass Sie in einer solchen Auseinandersetzung sofort siegreich sind. Es kann manchmal Wochen dauern, bis Sie wirklich eine sündige Gewohnheit abgelegt und durch eine biblische Gewohnheit ersetzt haben. Während dieser Zeit müssen Sie Ihre Begierden unter Kontrolle halten, indem Sie ihnen aktiv widerstehen.

Jakobus schreibt, dass Gott dem Stolzen widersteht, aber dem Demütigen Gnade (Hilfe) gewährt (4,6). Er fährt fort und sagt: *«Unterwerft euch nun Gott! Widersteht aber dem Teufel, und er wird von euch fliehen»* (V. 7). In diesem Abschnitt behandelt Jakobus das Problem von sündigen Begierden und deren Folgen. Seine Lösung zum Problem: demütiger Gehorsam

Gott gegenüber und Widerstand dem Teufel gegenüber (der sich bis anhin bei Ihnen wohlfühlte und Ihr Leben mitbestimmte).

Wurde Ihnen bewusst, dass das ganze Problem daher kommt, dass die Ordnung Gottes umgekehrt wurde: Sie haben sich Ihren Begierden unterworfen und Gott widerstanden. Sie haben es schliesslich so gewollt, auch wenn es Ihnen nachträglich Leid tat und Sie über Ihre Sünde Busse getan haben. Doch am Anfang haben Sie getan, wonach Sie gerade Lust hatten. Sie haben Gott und Seinem Wort widerstanden, und stattdessen haben Sie sich Ihren sündigen Begierden gerne unterworfen, wobei Sie sich in einer selbstgerechten Art, in falscher Demut entschuldigten: «Ich kann doch nichts dafür. Ich weiss mir nicht zu helfen.»

Jakobus zeigt, dass der Weg aus einer solchen Situation über die Busse führt (4,8–10) und eine Umkehr zur Folge hat (V. 6 + 7). Sie müssen sich vor Gott demütigen und der Sünde und dem Teufel widerstehen. Bekennen Sie vor Gott, dass Sie unfähig sind, sich selbst zu ändern, und bitten Sie Ihn in aufrichtiger Demut, dass Er Ihnen helfe. Er hat allen, die sich vor Ihm gedemütigt haben, Seine Hilfe zugesagt (V. 6).

Sie müssen auch Ihre sündigen Gedanken und Wege von sich weisen und Seinen Wegen folgen. Sie müssen bereit sein, Seinen Willen zu tun, Ihn um Gnade (Hilfe) zu bitten und dem Teufel zu widerstehen (sagen Sie «nein» zu allen Verlockungen, die er Ihnen schmackhaft machen will). Nur auf diese Weise werden Sie Ihre Begierden unter Kontrolle bekommen und sie in der Folge durch biblische Gewohnheiten ersetzen können. Dann haben Sie den Sieg über Ihre sündigen Begierden errungen.

Der Teufel kann den Wiedergeborenen nicht direkt angreifen. In 1. Joh. 5,18 verheisst Ihnen die Schrift, dass der Böse Sie nicht antasten kann. Der Teufel kann jedoch andere Menschen, die unter seinem Einfluss stehen und in der Sünde leben, dazu benützen, Sie zu Fall zu bringen.

Es liegt Jakobus sehr daran, dass Sie um Ihre ganz persönlichen inneren, sündigen Begierden wissen, weil sie in Ihrem

Leben eine so grosse Rolle spielen können. Er will, dass Sie sie kennen und wissen, wie Sie darauf reagieren, damit Sie hernach fähig sind, sie unter Kontrolle zu bekommen und zu ersetzen. Er will nicht, dass Sie ein hilfloses Opfer Ihrer aus dem alten Leben stammenden Begierden bleiben. Im Gegenteil: Er betont mit Nachdruck, dass Sie über diese Begierden Herr sein können – ja, Herr sein müssen.

8. Sie können Ihren Zorn überwinden

Zorn ist für viele ein grosses Problem. Nicht wenige Spannungen und Spaltungen in den Gemeinden sind eine direkte Folge von Zorn. Jakobus sagt hierzu: *«Denn eines Mannes Zorn wirkt nicht Gottes Gerechtigkeit»* (1,20). Zorn war sicherlich kein Segen im Leben von Shirley, als sie wegen eines Streits mit Margarete in der Frauenstunde eine Spaltung verursachte. Sie hätte vielmehr die Angelegenheit sofort mit Margarete bereinigen sollen. Sie tat es nicht, und so wucherte das Ganze weiter, bis fast alle Frauen in der Gemeinde miteinbezogen waren. Zu guter Letzt musste sich die ganze Gemeinde damit auseinander setzen.

Zorn bewirkte auch im Leben von Jane nicht Gottes Gerechtigkeit. Sie wurde dermassen wütend über ihren Mann, der überdies noch Prediger war, dass sie ihm einen Apfel an den Kopf warf, sodass seine Brille in die Brüche ging. Sodann nahm sie ein Messer in die Hand und jagte ihn damit im ganzen Haus herum.

Bill, ein Diakon in der Gemeinde, rannte voller Zorn aus einer Mitarbeiterbesprechung weg, was die ganze Situation in der Gemeinde noch zusätzlich verschlimmerte. Er wurde zornig, weil niemand auch nur einen seiner Vorschläge guthiess. Das Werk des Herrn wurde dadurch stark gehindert, da sich die Gemeinde mit diesem Fall beschäftigen musste, Bill infolgedessen unter Gemeindezucht stellte und viel Zeit aufgewendet werden musste, um alle Gegenmassnahmen ausfindig und zunichte zu machen, die Bill gegen seine «Gegner» in die Wege geleitet hatte. In einer anderen Gemeinde nannte ein Ältester den Prediger einen elenden Speichellecker und verkündete, dass er dafür gebetet habe, dass der Prediger bös straucheln solle. Die Folgen dieses Zornausbruchs waren so verheerend, dass die ganze Gemeinde auseinander fiel.

Diese Beispiele machen deutlich, dass auch Christen zornig werden können und Hilfe benötigen. Jakobus wusste dies und bemühte sich, Hilfe anzubieten. Wie schon so oft sind seine Ausführungen zu diesem Thema einmalig, jedoch nicht umfassend. Was er dazu sagt, ist eingebettet in einen biblischen Zusammenhang und, wie wir es bereits von ihm gewöhnt sind, beleuchtet er auch die inneren Aspekte zu diesem Thema.

Arten von Zorn

Nicht jede Zornesäusserung ist falsch. Es wird in der Bibel oft erwähnt, dass Gottes Zorn gerecht ist (Ps. 7,7–10; 78,31). In Mark. 3,5 lesen wir, dass Jesus die Pharisäer zornig anschaute. Der Gläubige wird davor gewarnt, dass er bei einem gerechten Zürnen nicht sündigen soll dadurch, dass er die Sonne über seinem Zorn untergehen lässt (Eph. 4,26). Die Gefühle, mit denen Gott den Menschen ausgestattet hat, sind an sich gut; auch der Zorn, vorausgesetzt, er äussert sich im biblischen Rahmen. Es geht also nicht darum, den Zorn auszurotten – was sowieso unmöglich wäre –, sondern darum, dass man seine Gefühle unter biblischer Kontrolle hat.

Im Neuen Testament finden wir zwei Ausdrücke für Zorn, *orge* und *thymos* (deutsch: Zorn oder Unmut). Das eine Wort bezeichnet den inneren Vorgang, das andere das Kundtun nach aussen. In Jak. 1,20 wird *orge* gebraucht. Manchmal wird das eine Wort jedoch für beides verwendet, sowohl für den Zorn, bei dem man innerlich kocht, als auch für die Äusserung.

Ihr Zorn ist immer dann Sünde, wenn er aus falschen Motiven angefacht wurde: zum Beispiel, wenn Sie aus Neid oder Eifersucht zornig werden (1. Mose 4,3–10), oder weil Sie hochmütig sind (Spr. 16,18; 29,23), oder wenn Ihr Selbstwertgefühl durch Worte geschmälert wurde. Ihr Zorn ist auch dann Sünde, wenn er sich unbeherrscht äussert (auch wenn Sie gerecht zürnen) oder Sie dabei «explodieren» (Spr. 12,16; 15,11; 29,11 + 20). Es handelt sich hierbei um allgemeingültige Tatsachen, die wir zum Thema Zorn in der Bibel finden. Doch wenden wir uns dem zu, was Jakobus darüber sagt.

Zorn und seine Folgen

Jakobus legt seinen Finger auf eine der schädlichsten Folgen des Zorns: Dieser Zorn bewirkt nicht Gottes Gerechtigkeit. Im Gegenteil, wie es in Sprüche 29,22 heisst, erregt solcher Zorn nur Streit und lässt einen zornigen Menschen viele Übertretungen begehen.

Viele Gemeinden, Familien und Freundschaften sind dem Zorn zum Opfer gefallen. Kennen Sie eine Freundschaft, die am Zorn zerbrochen ist? Oder erinnern Sie sich an ein Zeugnis vor Ungläubigen, das durch den Zorn eines Gläubigen wirkungslos gemacht wurde? Wurden nicht auch unter Ihren Familienangehörigen Wunden aufgerissen, zu deren Heilung es lange Zeit brauchte? Vielleicht haben Ihre Mitarbeiter am Arbeitsplatz keinen Respekt mehr vor Ihnen, weil Sie unter Stress leicht explodieren? Diese Art von Zorn fördert nur das Werk des Teufels und niemals das Werk Gottes. Wenn der Zorn eines andern (oder Ihr eigener) sich schon einmal an Ihnen entladen hat, so werden Sie sicher gerne erfahren wollen, wie man seinen Zorn überwinden kann.

Jakobus behandelt hier den Zorn einer Einzelperson, die sich über jede Kleinigkeit ärgert und andern Schaden zufügt. Gott ist darüber besorgt, denn es sind meistens Kleinigkeiten, die Sein Werk aufhalten. Es ist durchaus möglich, dass mehr Gemeinden wegen Streitereien und Zorn gespalten wurden als wegen Lehrfragen. Auch dann, wenn Lehrfragen im Vordergrund stehen, werden die Auseinandersetzungen oft in einer zornigen, bitteren Art und Weise geführt, so dass hinterher Groll und Verstimmung zur Spaltung führen.

Jakobus geht es gar nicht so sehr um die Folgen des Zornes, die er beim Zürnenden hinterlässt. Viel zu oft wird dies sogar in christlichen Büchern zum Hauptthema gemacht, weil man sich von einer humanistischen Gesinnung, in der der Mensch im Zentrum steht, beeinflussen lässt. Jakobus stellt die Gerechtigkeit Gottes in den Mittelpunkt. Er möchte, dass dadurch Gott unter den Menschen geehrt wird. Zorn fördert aber die Aktivität des Teufels. Der Zorn eines Menschen kann im

Reich Gottes viel Schaden anrichten. Das ist der Grund, weshalb Jakobus dieses Thema zur Sprache bringt.

Zorn und das Wort Gottes

Was schlägt nun Jakobus vor, damit der Gläubige seinen Zorn überwinden kann und eine vollständige Person wird? Er stellt in Kapitel 1,18–22 die Wirksamkeit des Wortes Gottes im Leben des Gläubigen in den Mittelpunkt.

Es heisst dort, dass Sie wie jeder andere Christ durch das «Wort der Wahrheit» wiedergeboren wurden (1,18). Er spricht hier nicht über den Empfang des Heiligen Geistes (und die Folgen eines Lebens im Geist), sondern nur über den Augenblick, in dem Sie ein gläubiges Kind in der Familie Gottes wurden. Dies geschah, als Sie dem Wort der Wahrheit glaubten, d. h. als Sie anerkannten, dass Sie ein Sünder sind und für sich persönlich in Anspruch nahmen, dass Gottes Sohn Sie von Ihrer Sünde erlösen kann. Die Wiedergeburt beginnt da, wo Gott uns neues Leben gibt (Eph. 2,1 + 5). Ezechiel schildert diesen Vorgang als ein Ersetzen des steinernen Herzens (das kalt, tot, leblos und der Wahrheit Gottes entfremdet ist) durch ein fleischernes Herz (das warm, lebendig und empfänglich ist für die Wahrheit Gottes). Jakobus hat aber nicht diesen Aspekt im Auge. Wenn er hier von Geburt spricht, so meint er das eigentliche Gebären, der Augenblick, in dem das Kind das Licht der Welt erblickt. Die Zeugung geschieht durch den Geist, wenn das Wort in unsere Herzen gepflanzt wird; die eigentliche Geburt findet statt, wenn man dem Wort der Wahrheit glaubt.

Jakobus sagt, dass diese Juden-Christen eine Art von Erstlingsfrucht Gottes neuer Schöpfung waren. Deshalb waren sie auch die Ersten, denen das Evangelium gepredigt wurde, und die Ersten, die daran glaubten. Bildlich gesprochen ist Jesus der Erstgeborene der Familie, und das Wort der Wahrheit, als es verkündigt wurde, wurde zur Mutter. Nun sagt Jakobus gewissermassen, dass ihre zornigen Kinder auf ihre Mutter hören sollen, da sie sonst ihr Werk unwirksam machen und sie entehren.

Hören auf das Wort

Da Sie durch das Wort (die Verkündigung des Evangeliums) in Gottes Familie hineingeboren wurden, sollten Sie darauf achten, was Ihre Mutter über den Zorn zu sagen hat. Sie hat Ihnen das Leben gegeben und sagt Ihnen auch, wie Sie es ausleben sollen. Hier nun ihre Anweisungen:

Seien Sie schnell bereit zum Hören. Es geht hierbei um den Zorn; und das Wort möchte Sie von jeder Art von Zorn, die das Werk Gottes hindert, wegbringen. Es wird Ihnen auch gesagt, wie Sie mit dieser doch so starken Empfindung richtig umgehen können. Sie sollten aber nicht nur auf das Wort hören, sondern schnell zum Hören sein. Das heisst, Sie sollten nicht zaudern oder die Sache aufschieben, sondern darüber diskutieren, die Bedeutung hinterfragen. Ihre Mutter gebraucht deutliche Worte; Sie müssen nur gut hinhören, verstehen und dann gehorchen. An ihren Aussagen ist nichts zweideutig. Hören Sie einfach gut zu, und seien Sie bereit, zu gehorchen.

Viele Gläubige wachsen nicht im Glauben und haben keinen Sieg über ihr Temperament, weil sie unentschlossen sind. Ihre Bereitschaft, ihr Wille, auf das Wort zu hören, ist sehr gering. Dieser Wille hat aber mit der Liebe, die man zu seiner Mutter hat, zu tun. Wer liebt, hört auch zu. Ist Ihre Beziehung zu Ihrer Mutter in Ordnung, werden Sie auf sie hören. Was die Beziehung gut erhält, kann man als Gehorsam bezeichnen. Wenn Sie das Wort Gottes lieben, werden Sie auch mehr über das Wort erfahren wollen. Und je mehr Sie dem Wort gehorchen, umso mehr werden Sie es lieb bekommen.

Nicht so schnell!

Was lehrt die Bibel im Jakobusbrief über den Zorn? Zwei Dinge: 1. *Seien Sie langsam zum Reden* (wenn Sie zornig sind); 2. *Seien Sie langsam zum Zorn.* Dies sind die beiden wichtigsten Richtlinien, die Jakobus zum Überwinden des Zorns angibt. Die eine spricht vom Erregen des Zorns, die andere hat mit der Äusserung des Zorns zu tun. Doch die Botschaft ist bei beiden dieselbe: Im Zusammenhang mit Zorn darf man nicht zu schnell sein! Man muss auf die Bremse treten. Im heutigen Sprachgebrauch wird einem geraten: «Zähl bis zehn!»

Ein Grund, weshalb Sie langsam zum Reden sein sollen, ist sicher der, dass Sie sonst leicht etwas sagen könnten, das Sie im Nachhinein bereuen. Wenn Sie zornig sind, ist Ihr Urteilsvermögen getrübt und Ihre «Sicherungen» brennen leicht durch, wobei Sie dann alles sagen, was Ihnen in den Sinn kommt. Bei anderer Gelegenheit, nämlich wenn Sie klar überlegen können, würden Sie Ihre Worte abwägen und alle Kraftausdrücke und ähnliches verwerfen. Ein weiser Mensch ist einer, der, falls er zornig wird, ein Gespräch abbricht oder nicht so schnell etwas sagt.

Darüberhinaus kommt es oft vor, dass Sie biblisch gesehen ungerechtfertigt zornig werden. Es ist dann nicht nur peinlich, wenn Sie Ihrem Zorn freien Lauf lassen, bevor Sie dem andern bis zum Schluss zugehört haben – wodurch Sie vielleicht gemerkt hätten, dass Sie gar keinen Anlass zum Zorn haben –, sondern Sie haben dabei auch beleidigende Worte ausgesprochen, die man nicht mehr rückgängig machen kann. Wie Jane, die Frau des Predigers, später erkannte, hatte sie keinen Grund, zornig zu werden; sie hatte schlicht eine Bemerkung einer anderen Frau in der Gemeinde falsch verstanden.

Im Neuen Testament gibt es zwei Ausdrücke für *zurechtweisen.* Der eine hat die Bedeutung von «so zurechtweisen, dass der andere von seiner Schuld überführt wird». Der andere Ausdruck, wie er zum Beispiel in Luk. 17,3 verwendet wird, bedeutet *«zögernd* zurechtweisen». Das heisst, man bringt die Sache ruhig vor, sagt, dass man sich ungerecht behandelt vorkomme, und wartet dann auf eine Erklärung des andern, statt die eigenen Anschuldigungen unbeherrscht auf den andern niederprasseln zu lassen. Wie viel besser ist es doch für Sie, wenn Sie Ihre Anschuldigungen mit Zurückhaltung, zögernd vorbringen und hinterher feststellen, dass ein Missverständnis das Problem verursachte, anstatt gleich zu explodieren und es später bereuen zu müssen!

Das Beste ist aber, wenn Sie langsam zum Zorn oder langmütig sind. Im Buch der Sprüche wird der «Langmütige» viermal besonders gelobt (14,29; 15,18; 16,32; 19,11). Auf diese Weise bringen die Gläubigen eine Charaktereigenschaft ihres himmlischen Vaters zum Ausdruck, der «gnädig, langsam zum Zorn ist» (2. Mose 34,6). Jakobus will uns also auf zwei wichtige Dinge hinweisen:

1. Seien Sie schnell bereit zum Hören auf Gottes Wort und
2. Seien Sie langsam zum Zorn und zum Reden im Zorn.

Wie kann ich meinen Zorn überwinden?

Dies zu erreichen, ist gar nicht so schwierig, wie es den Anschein macht. Dabei meine ich Sie ganz persönlich, auch wenn Sie zu jenen Menschen gehören, die schnell und unkontrolliert aufbrausen. Sie finden, es sei fast unmöglich für Sie, Ihren Zorn zu überwinden und Ihre Worte im Zaum zu halten. Sie denken: «Sie kennen mein Temperament nicht. Die Dinge, die ich sage und tue, bereue ich oft, und ich habe schon oft versucht, mich zu bessern, aber ich schaffe es einfach nicht. Es hat keinen Sinn.»

Nun, ich kann Ihr Problem gut verstehen. Aber Sie dürfen die Hoffnung nicht aufgeben. Gott verlangt nie etwas von Seinen Kindern, ohne ihnen gleichzeitig auch die Weisheit und die Kraft zu geben, die es dazu braucht. Jedes Gebot Gottes beinhaltet demnach auch Hoffnung.

Ausserdem sind Sie gar nicht so schlecht dran, wie Sie meinen. Überlegen Sie einmal: Sie haben sicher schon in einigen Situationen gelernt, Ihren Zorn zu beruhigen und Ihre Worte zurückzuhalten. Wenn es Ihnen also schon ein paar Mal gelungen ist, weshalb sollten Sie es nicht immer tun können? Es kommt darauf an, ob Sie es wollen!

Nehmen wir zum Beispiel an, Sie seien eine Mutter mit drei kleinen Kindern, die noch nicht zur Schule gehen. Sie lassen es manchmal so weit kommen, dass die Kinder Ihnen dermassen auf die Nerven gehen können, dass Sie dann explodieren. Sie schreien herum, schmeissen mit Dingen um sich her, sagen Worte, die Sie in Wirklichkeit gar nicht meinen, und gewöhnlich blamieren Sie sich folglich vor den Kindern. Natürlich tut es Ihnen nachher Leid, und Sie nehmen sich fest vor, sich nie mehr so gehen zu lassen, und dann tun Sie es doch wieder!

Stellen Sie sich folgende Szene vor: Sie haben Ihren schlimmsten Zornausbruch seit Monaten. Die Kinder stehen da, halten sich die Ohren zu, verkriechen sich hinter dem Sofa. Sie rasen vor Wut, schreien sich die Kehle aus dem Leib und dann ... läutet das Telefon.

«Hallo? Ach, Sie sind's, Frau Klatschbase. Äh, nein, ich hab im Moment nichts Besonderes vor. Ja, natürlich interessiert mich das. Hmm ... kaum zu glauben. Wer hätte das gedacht, dass die ...»

Nun, was haben Sie gerade fertiggebracht? Sie haben Ihre Zunge im Zaum gehalten und zudem noch Ihren Zorn beruhigt. Weshalb konnten Sie es am Telefon tun, nicht aber mit Ihren Kindern? Weil Sie erkannten, dass Sie es sich nicht leisten können, am Telefon wütend zu sein. Hätte es nämlich Frau Klatschbase gemerkt, so würde es im Nu die ganze Nachbarschaft erfahren haben. Aber Sie meinen, dass Sie sich solche Zornausbrüche zu Hause erlauben dürfen. In der einen Situation konnten Sie sich beherrschen, in der anderen dagegen nicht. Was zählt nun mehr? Das Gerede der Nachbarn oder Ihre Kinder? In diesem Fall haben Sie auf das Gerede mehr Rücksicht genommen als auf Ihre Kinder, aber am meisten haben Sie auf sich selbst Rücksicht genommen.

Das Hauptproblem liegt nicht darin, dass Sie sich nicht beherrschen können, sondern dass Sie nur sich selbst sehen und dabei selbst bestimmen, wann bzw. wo Sie sich beherrschen müssen. Daraus entstehen schlechte Gewohnheiten, die das Überwinden erschweren. Sie müssen das als Sünde erkennen und Busse darüber tun, lernen, Ihre Kinder zu lieben, Ihre Entscheidungen und Massstäbe neu überdenken und darüberhinaus lernen, sich überall zu beherrschen. Die Bibel lässt unbeherrschten Zorn nicht gelten, wo es auch immer geschehen mag – auch nicht, oder erst recht nicht zu Hause.

Wie wir schon an anderer Stelle gesehen haben, müssen Sie Ihre schlechten Gewohnheiten oder Verhaltensmuster durch gute ersetzen. Gott will Ihnen dabei helfen, wenn Sie Ihn nur darum bitten (denken Sie an den Abschnitt über Gebet und mangelnde Weisheit). Wie konnte die Mutter Ihren Zorn am Telefon beherrschen? Wie konnten Sie sich Ihrem Chef gegenüber beherrschen? In gleicher Weise können Sie es Ihren Kindern gegenüber tun. Beginnen Sie damit, die Verhaltensmuster, die sich als erfolgreich erwiesen haben, auf die Bereiche zu übertragen, in denen Sie noch lernen müssen, Ihren Zorn zu überwinden.

Haben Sie sich auch schon gefragt, weshalb Sie Ihrem Chef gegenüber nicht explodieren, dafür umso häufiger Ihrer Frau gegenüber zornig werden? Ganz einfach: Sie wollen Ihre Arbeitsstelle nicht verlieren. Ihr Job ist sehr wichtig für Sie. Nun, dann sollte es für Sie noch viel wichtiger werden, dem Herrn zu gefallen und Ihre Frau recht zu behandeln. Sie müssen demnach Ihre Prioritäten neu festlegen und danach handeln.

Das Gleiche gilt für die Mutter, die sich vor ihren Kindern wie ein Vulkan gebärdet. Auch sie sollte danach trachten, Gott und ihren Kindern in erster Linie zu gefallen und erst hernach darauf achten, was die Nachbarn denken. Der Erfolg wird nicht lange auf sich warten lassen.

Selbstbeherrschung wird als eine Frucht des Geistes bezeichnet (Gal. 5,22). Wenn Sie ernstlich dafür beten, bereit sind, die biblischen Grundsätze und Anweisungen zu befolgen, dann wird Gott Sie durch den Heiligen Geist befähigen, Ihren Zorn zu überwinden. Tausende von Gläubigen haben diese befreiende Erfahrung schon gemacht. Sie können es auch.

Das Wort aufnehmen

Jakobus erwähnt noch eine weitere sehr wichtige Tatsache. Im vorangehenden Kapitel haben wir über angeborene Begierden und Triebe gesprochen und über solche, die man sich im Laufe der Zeit aneignet. In diesem Kapitel zeigt uns Jakobus nun, *wie* der Geist Gottes biblische Begehren in Sie einpflanzt, aus denen sich dann ein biblischer Lebensstil entwickelt. Er sagt, dass dies durch das Wort Gottes geschieht, das Sie mit «Sanftmut aufnehmen» (oder «begrüssen») und nicht abweisen sollen. Es wird somit in Ihrem Herzen «eingepflanzt», wodurch Ihr Denken erneuert wird, was in der Folge zu einem neuen Lebenswandel führt. Ihre alten, sündigen Gewohnheiten sind durch neue, biblische, ersetzt worden. Diese Umwandlung kann aber nur geschehen, wenn Sie bereit sind, alles, was Gott sagt, mit Sanftmut anzunehmen (oder zu «begrüssen»). Mit Sanftmut heisst, dass Sie sich vom Wort Gottes belehren lassen und auch tun, was es Ihnen sagt.

Solange Sie aber dem Worte widerstehen, auch wenn Sie nur Dinge sagen wie: «Ach, ich kann meinen Zorn ja doch nie überwinden», wird der Geist Gottes Ihnen nicht helfen können. Der Geist und das Wort sind untrennbar miteinander verbunden, und der Geist Gottes wirkt durch das Wort, das Er ja auch inspiriert hat (2. Tim. 3,15–17). Er gebraucht das Wort, um Sie zu verändern, um Ihr Leben neu zu gestalten, vorausgesetzt, Sie nehmen es willig und mit Freuden auf. Bitte erwarten Sie keine Änderung zum Guten, wenn Sie nicht auf das Wort hören. Jedes Gebot Gottes ist ein Grund zur Ermutigung, da Gott von Seinen Kindern nichts verlangt, was sie nicht tun könnten. Der Geist Gottes befähigt Sie, Seine Gebote zu halten.

Jak. 1,21 sagt, dass Sie alle Schlechtigkeit und Unsauberkeit aus dem alten Leben ablegen und dafür das Wort mit Sanftmut aufnehmen können, das Ihre Seele von der Macht und den Folgen der Sünde zu erretten vermag. Mit Sünde ist hier der sündhafte Zorn gemeint. Die Seele wird hier nicht im Hinblick auf die ewige Errettung erwähnt, sondern als «Wohnsitz» des Zorns verstanden. Sie können wohl einen Zornausbruch nach aussen eindämmen, der Zorn selbst hingegen muss in Ihrem Innern bekämpft und überwunden werden. Jakobus weist wie schon so oft mit Nachdruck darauf hin, dass der Mensch von innen her verändert werden muss.

Mit den Ausdrücken «ablegen» und «aufnehmen» oder «einpflanzen» meint Jakobus genau dasselbe, was Paulus unter «ablegen» und «anziehen» versteht. Wenn Gottes Wahrheit in Ihnen eingepflanzt wurde und Wurzeln schlagen konnte, dann haben Sie wirklich angefangen, das neue Leben zu leben. Jakobus zeigt aber auch, dass Sie ein Täter und nicht nur ein Hörer des Wortes sein müssen (V. 22–27). Zorn kann erst dann überwunden werden, wenn Sie den neuen Menschen angezogen haben und im Alltag dann dieses neue Leben in einer Gott wohlgefälligen Weise ausleben.

Paulus drückt dies folgendermassen aus: *«Zürnet, und sündiget dabei nicht! Die Sonne gehe nicht unter über eurem Zorn»* (Eph. 4,26). Anders ausgedrückt heisst das, Sie dürfen es nicht zulassen, dass sich Ihr Zorn über Nacht in Groll und Verdruss verwandeln kann. Sie müssen Ihren Zorn «ablegen». Das Neue «anziehen» bedeutet dann, dass Sie anstatt zu zürnen sich biblisch verhalten, d. h. das Böse mit Gutem überwinden und es somit zu keiner Bildung von Wurzeln der Bitterkeit kommen kann. Dieses Vorgehen ist nicht nur auf den Zorn, sondern auf jede sündige Verhaltensweise anwendbar. Dies ist aus den Worten des Paulus klar ersichtlich. Jakobus weist uns zusätzlich noch darauf hin, dass das «Ablegen» und «Aufnehmen» nur möglich ist für die, deren Einstellung dem Wort gegenüber richtig ist. Das sind die, die das Wort in Sanftmut aufnehmen und sich belehren lassen.

Die Bibel unterweist Sie, was Sie zu tun haben und wie Sie es tun können. Es kommt auf Ihre innere Einstellung an. Dort entscheidet sich, ob das Wort wirklich zu einer verändernden Macht in Ihrem Leben werden kann. Es zeigt sich auch hier wieder, dass Wachstum im geistlichen Leben nicht automatisch erfolgt. Es hängt alles von Ihrer Einstellung der Bibel gegenüber ab. Wenn Sie Zweifel gegenüber Gott haben, können Sie keine Änderung zum Guten erwarten. Glauben Sie Seinem Wort nicht, sind die Folgen dieselben. Kennen Sie die Bibel von A bis Z und weigern sich zu tun, was Sie gelernt haben, dann werden Ihnen Ihre Kenntnisse nichts nützen. Wie ein gehorsames Kind sich beeilt, den Worten seiner Mutter nachzukommen, so müssen auch Sie bereit sein, jedes Gebot zu befolgen. Diese Einstellung ist vonnöten, um Ihren Zorn überwinden zu können.

9. Sie können von Selbstbetrug frei sein

Der vollständige *(teleios)* Mensch ist nicht nur auf dem Weg, alles in den Griff zu bekommen, er ist sich auch dieser Tatsache bewusst, und das macht ihn glücklich. Er weiss nun, dass sein Glaube echt ist. Er ist nicht bloss Hörer, sondern auch Täter des Wortes und empfindet den Segen Gottes in seinem Leben. Jakobus beschreibt diesen Zustand mit folgenden Worten:

«Wer aber in das vollkommene Gesetz der Freiheit hineingeschaut und dabei geblieben ist, indem er nicht ein vergesslicher Hörer, sondern ein Täter des Werkes ist, der wird in seinem Tun glückselig sein» (1,25).

Nachdem die Zweifel verschwunden, die Motive bereinigt sind und ein regelmässiges Wachstum festzustellen ist, kann der vollständige Christ täglich sehen, wie die Bibel in seinem Leben wirksam wird, und dies macht ihn zuversichtlich. Der *teleios* Christ ist frei von Selbstbetrug, Christus ist der Mittelpunkt seines Lebens, und er weiss, dass er in der Realität lebt, ganz im Gegensatz zum wankelmütigen Gläubigen, der in allen seinen Wegen unstet und hin und her geworfen ist. Der vollständige Mensch ist beständig und zuverlässig. Natürlich sündigt auch er. Auch er kann einmal in Heuchelei verfallen, aber er erkennt seine Sünde und Falschheit und wird in einer gottgemässen Weise damit fertig. Aber es gibt solche, die sich «selbst betrügen»: *«Wenn jemand meint, er diene Gott, und zügelt nicht seine Zunge, sondern betrügt sein Herz, dessen Gottesdienst ist vergeblich»* (1,26). Es gibt kaum einen unheilvolleren Zustand als den, dass jemand dermassen eingebildet wird, dass er nicht nur andere, sondern auch sich selbst betrügt. Es ist schon schlimm genug, wenn man andere wissentlich täuscht. Ist man sogar so weit gekommen, dass man seinen eigenen Lügen glaubt, dann ist das der Inbegriff der Täuschung.

Sicher sind Sie schon solchen Menschen begegnet. Einige von ihnen sind schrecklich langweilig. Sie erzählen die ganze Zeit nur von sich selbst und ihrem «gesegneten Dienst» und erwarten, dass Sie ihnen aufmerksam und wohlwollend zuhören. Einige Prediger sind so. Wenn man sie sprechen hört, könnte man meinen, dass Gott nur durch sie vollmächtig wirken kann. Würden Sie aber genauer nachforschen, was sie in ihrem Dienst geleistet haben und leisten, würden Sie sehr wenig finden. Solche sind nichts anderes als Schwätzer. Da sie aber schon bei zahlreichen Menschen über so viele Dinge während Jahren geprahlt haben, kam es so weit, dass sie mittlerweile ihre Worte mit eigentlichen Taten verwechseln.

Ein Prediger, den ich kannte, gebrauchte immer den Ausdruck, «Euer Prediger hat dies» und «Euer Prediger hat das», wenn er über seine Taten und Errungenschaften sprach. Das meiste von dem, was er sagte, war leider nicht viel mehr als leeres Geschwätz. Die anderen Gläubigen in der Gemeinde hatten bald genug davon, da er ja viel häufiger von sich als von Jesus Christus sprach.

Viele Menschen nehmen gar keine Rücksicht auf die andern und rauben ihnen kostbare Zeit. Sie erwarten, dass jeder ihrem Jammern zuhört, auch wenn es noch so unbedeutend ist. Solche Menschen sind dermassen von sich eingenommen und mit sich selbst beschäftigt, dass sie kaum etwas für das Werk des Herrn zustande bringen. Und doch, weil sie die ganze Zeit davon sprechen oder sich in Gedanken damit befassen, glauben sie tatsächlich, dass sie dadurch etwas zur Förderung des Werkes des Herrn leisten. Leider sehen sie nicht über ihre Nasenspitze hinaus.

Jakobus erwähnt dieses leere Geschwätz auch (1,26). Ein solcher Christ erscheint auf den ersten Blick sehr aktiv, aber er täuscht die andern. Fährt er damit fort, ist er bald einmal so weit, dass er sich selbst betrügt (Jakobus nennt dies, «sein Herz betrügen»). Er redet sich mit der Zeit ein, dass er echt, geistlich sei.

Manchmal trifft man Leute, die davon sprechen, wie sie die eine oder andere Sache für den Herrn tun wollen, ja sie schmieden sogar Pläne und setzen die Mitarbeit anderer voraus. Sie werden alle Für und Wider dieser oder jener Evangelisationsmethode oder jenes Aufbaukurses für die Gläubigen ausführlich besprechen. Man wird sie aber in der Folge selten oder gar nie sehen, wie sie den Verlorenen wirklich nachgehen oder den anderen Gläubigen helfen.

Auf dieses Problem legt Jakobus seinen Finger. Er möchte die Torheit eines solchen Verhaltens aufzeigen (1,22–27). Ein solcher Mensch, der nur das Wort hört, ist ein Heuchler. Er wird verglichen mit einem Mann, der sein Gesicht in einem Spiegel *betrachtet.* Sein Gesicht ist schmutzig; er erkennt, dass er ein Sünder ist. Dann geht er weg und vergisst sofort, was er gesehen hat. Anders gesagt: Was er gesehen hat, bewegt ihn überhaupt nicht. Der Blick in den Spiegel war nutzlos, denn es hat sich nichts geändert. Er hat nicht Busse getan.

Dieses «Vergessen» geschieht absichtlich; was er im Spiegel sieht, gefällt ihm eben nicht. Dadurch, dass er weggeht (dem Problem ausweicht) und sich einer anderen Sache zuwendet, kann er alles vergessen. Die Folge davon ist aber, dass sein Gewissen abgestumpft wird. Nach einer gewissen Zeit, auch wenn er das Wort Gottes hört und Gottes Willen erkennt, wird es ihm nicht mehr schwer fallen, sich einzureden, er sei eigentlich schon in Ordnung. Auf diese Weise kommt es zum Selbstbetrug. In seiner Einbildung sieht sein Leben ganz anders aus, als es in Wirklichkeit ist. Er hat auch eine ganz andere Vorstellung von seinem Herz (seinem inneren Zustand), als Gott sie hat.

Im Gegensatz dazu zeigt uns Jakobus den weisen Christen, der in den Spiegel Gottes (in das vollkommene Gesetz der Freiheit) schaut und die unangenehmen Dinge, die er dabei entdeckt, biblisch angeht. Das Wort *hineinschauen* in Vers 25 unterscheidet sich vom Ausdruck *betrachten* in Vers 23 + 24. Es bedeutet, etwas anschauen, indem man sich streckt, um es besser sehen zu können. Man könnte es vergleichen mit einem Mann, der eine Strassenkarte auf dem Kühler seines Wagens ausgebreitet hat und sich darüber neigt, um jede Einzelheit besser zu sehen. Er überlegt sorgfältig. So nimmt sich auch der weise Christ die Zeit, um Gottes Aussagen über ihn im Wort Gottes genau zu untersuchen, auch jene, die ihm nicht gefallen. Er nimmt sich das alles zu Herzen und handelt dementsprechend. Er tut dies aber nicht nur einmal, sondern immer wieder. Er studiert die Schrift regelmässig und gibt nicht auf, bevor er nicht die biblische Lösung für seine Schwierigkeiten gefunden hat.

Es wird ihm gelingen, und er wird in seinem Tun glückselig sein, denn die Bibel ist Gottes «vollkommenes Gesetz der Freiheit». Da das Wort Gottes vollkommen *(teleios)* ist, kann es jede Sünde, jedes Problem ans Licht bringen und schenkt uns alles, was zu einem gottseligen Leben benötigt wird (2. Tim. 3,17; 2. Petr. 1,3). Gottes Wort ist es, das uns von der Sünde und ihren Folgen befreit.

Wer den Willen Gottes *tut,* wie er uns in Seinem Wort geoffenbart ist, wird als «glückselig in seinem Tun» bezeichnet (1,25). Der Glaube bewirkt nicht nur eine Veränderung, er macht obendrein noch glücklich und zuversichtlich. Viele warten auf die passenden Gefühle, bevor sie dem Wort gehorchen. Sie brauchen zuerst Kraft, Mut oder ein starkes Mitleid für die andern. Gott hat aber diese Reihenfolge nicht vorgesehen. Er gibt den Segen, wenn man etwas tut oder getan hat und nicht oder selten im Voraus. Wenn es darum geht, Gott zu gehorchen, darf man nie zögern und auf die passenden Gefühle oder eine gute Stimmung warten. Dies ist ein sehr wichtiges Prinzip im geistlichen Leben. Was uns zum Gehorsam antreibt, sollte aus einer tiefen Dankbarkeit heraus geschehen, aus dem Herzenswunsch, Gott zu gefallen, und nicht aus einem besonderen Gefühl heraus, das man vor jedem Gehorsamsschritt zu benötigen meint.

Hat man jedoch den ersten Gehorsamsschritt getan, wird man den Segen Gottes auch oft bewusst erleben oder verspüren. Diesen Segen können Sie aber nie «in Ihrem Tun» allein erfahren, d. h. getrennt vom Gehorsam, aus dem er entspringt. Leider betrügen sich auch in diesem Zusammenhang viele Gläubige selbst, indem sie meinen, dass die Gefühle, in die sie sich hineingesteigert haben, ohne einen Gehorsamsschritt zu tun, der Beweis für die Gegenwart des Heiligen Geistes seien. Sie sprechen davon, wie sie den Geist Gottes spüren. Dies ist schlichtweg unmöglich; der Geist ist unsichtbar und unfühlbar; weder der Geist noch Seine Gegenwart ist mit Gefühlen wahrnehmbar. Der Geist Gottes wirkt immer durch das Wort Gottes. Gehorcht man diesem Wort, erzeugt dies eine fühlbare Freude in uns; wir verspüren den Segen. Überdies sind wir uns bewusst, dass Gott über unseren Gehorsam erfreut ist, was wiederum uns Freude bereitet. Auf diese Art und Weise verspüren wir den Segen Gottes, sind wir «glückselig in unserem Tun».

Sie dürfen aber nicht vergessen, dass Gefühle zu den normalen Körperfunktionen gehören, die wir tagtäglich verspüren. Dies kann dadurch geschehen, dass zusätzliches Adrenalin durch Ihren Körper fliesst, ihr Magen mit Blut überflutet ist oder dass Ihr Herz schneller schlägt. Das ist es, was Sie eigentlich verspüren. Gefühle sind Wahrnehmungen Ihres *leiblichen* Befindens. Demzufolge können Sie nicht den Geist oder Seine Gegenwart durch Gefühle wahrnehmen.

Da Gefühle durch ganz verschiedene Dinge hervorgerufen werden können, ist es ein Leichtes, getäuscht zu werden.

Diese Zusammenhänge haben Jakobus bewogen, über Selbstbetrug und unechten Glauben zu schreiben. Der Heuchler denkt, er könne den andern etwas vormachen. Vielleicht gelingt es ihm sogar eine Zeitlang. Doch letztlich schadet er sich nur selbst: Gott wird seine Werke nicht annehmen, die andern werden ihn bald einmal durchschauen, und so betrügt er am Ende sein eigenes Herz. Er kann wohl reden wie ein Wasserfall, aber was er tut, ist nur ein Theater, eine Show, ein Schwindel. Sein Glaube ist wertlos; er besteht nur darin, Rituale und Traditionen nach aussen zu befolgen.

Echter Glaube hat immer Werke zur Folge, an denen Gott Wohlgefallen hat. Diese Werke sind «rein und unbefleckt», ohne jede Spur von Heuchelei. Es sind keine Rituale, sondern Dienste, bei denen man zum Beispiel den Waisen und Witwen hilft, sich um die Schwachen und Hilflosen kümmert, von denen man keine Gegenleistung erwarten kann.

Wir wollen für einen Augenblick wieder auf den Ausdruck «sein Herz betrügen» zurückkommen. Jede Heuchelei führt am Ende zu diesem traurigen Zustand. Wenn jemand unehrlich ist, seine Zeit dafür verwendet, eine äussere Form der Gottseligkeit zu pflegen (in der Absicht, den andern zu imponieren), betrügt er sich selbst. *Sich betrügen* bedeutet wörtlich: «durch falsches Urteilen betrügen».

Wie leicht betrügt man sich selbst, auch wenn man eigentlich beabsichtigt, den andern zu betrügen. Der Heuchler möchte in den Augen der andern besser dastehen, als er in Wirklichkeit ist. Nach aussen nimmt er eine demütige Haltung ein, macht, was man von ihm erwartet, packt gewisse Arbeiten energisch und für alle erkennbar an. Und doch ist alles unecht. Aber mit der Zeit beginnt er selbst seinen Täuschungen und Lügen zu glauben.

Da er nie um eine Ausrede und Erklärung verlegen ist, glaubt er am Ende seinen eigenen Worten. Er gleicht einem Schauspieler, der sich so gut mit seiner Rolle identifiziert, dass er bald einmal nicht mehr weiss, wer er nun wirklich ist. Da er es so gut versteht, absichtlich Tatsachen zu verdrehen und Wahrheiten zu relativieren, kann er selbst bald einmal die Wahrheit nicht mehr von der Lüge unterscheiden. Der Hörer des Wortes, der es versäumt, ein Täter des Wortes zu werden, betrügt sich selbst (Jak. 1,22), da er glaubt, er sei geistlich, obwohl er es in Gottes Augen nicht ist. Sein Gottesdienst ist wertlos (1,26).

Jakobus hat zum Thema «Glauben und Werke» viel zu sagen, hauptsächlich im zweiten Kapitel seines Briefes. Obwohl jenes Kapitel von den meisten Auslegern am ausführlichsten behandelt wird und ohne Zweifel wichtige Wahrheiten enthält, sind die Zusammenhänge und Lektionen, die wir im ersten Kapitel gelernt haben – weil es um innere Prinzipien geht – viel wichtiger. Jakobus möchte, dass wir in erster Linie die inneren Zusammenhänge kennen lernen, um zwischen echtem und geheucheltem Glauben unterscheiden zu können. Der Glaube, der keine Werke hervorbringt, ist unecht und eine Folge des Selbstbetrugs.

Das Herz

Wir müssen diesen Begriff noch genauer betrachten. Viele Christen im Westen haben ein unbiblisches Verständnis von diesem Begriff. Unter *Herz* verstehen sie Gefühle und Empfindungen. Demzufolge unterscheiden sie auch zwischen «Kopfwissen» (vernunftgemässes Denken) und «Wissen im Herzen» (Empfindungen). Diese Unterscheidung ist nicht biblisch. In der Bibel ist das Herz nicht mit Gefühlen oder Empfindungen gleichgesetzt, und der Kopf wird nie als im Widerstreit mit dem Herzen stehend erwähnt.

Die Schreiber der Bibel zeigen, dass die Lippen (Matth. 15,8), der Mund (Röm. 10,9 + 10) und das Aussehen (1. Sam. 16,7) im Widerspruch zum Herzen stehen können. In 1. Petr. 3,4 wird der «verborgene Mensch des Herzens» erwähnt. Das Herz steht für den inneren Menschen; es ist der Teil von Ihnen, den nur Sie und Gott kennen. Unter Herz versteht die Bibel sowohl die Gedanken wie auch die Gefühle (Spr. 12,20 + 25;14,30). Es ist die Quelle, aus der alle unsere Taten, Worte und Meinungen stammen (Matth. 15,18), und deshalb muss man es mehr als alles andere behüten (Spr. 4,23).

Wenn jemand also sein Herz betrügt, betrügt er sich damit im Innersten seines Wesens. Schlimmer kann man sich nicht betrügen, genauso wie es keine grössere, echtere Liebe geben kann als die Liebe, die aus dem Herzen kommt. Sein Herz zu betrügen ist demnach vollendeter, perfekter Selbstbetrug.

Bemerkenswert an Jakobus' Worten ist die Darstellung, dass die Person, die nach *aussen* religiös erscheint, aber deren Religiosität nicht auf einer *inneren* Realität beruht, sich *innerlich* (im Herzen) betrügt. Wenn Ihr Glaube nicht einer inneren Realität entspringt (nicht echt ist), wird sich früher oder später eine innere Scheinrealität entwickeln, die Sie fälschlicherweise für die Realität halten. Der Pharisäer, der meint, er sei gesund und brauche keinen Arzt, ist ein typisches Beispiel für ein solches Verhalten. Er hat sich mit einer Form der Frömmigkeit bekleidet, ohne aber die Kraft Gottes zu kennen. Viele Gläubige befinden sich in diesem armseligen Zustand. Jakobus will uns mit seinen Ausführungen vor diesem Fallstrick warnen. Seine Warnung ergeht auch an alle, die den Eindruck erwecken, sie seien fromm und geistlich gesinnt. Er möchte sie dazu bringen, dass sie sich fragen und überprüfen, ob ihre Frömmigkeit ungeheuchelt ist und auf einem Glauben beruht, der hernach auch Werke hervorbringt.

Falls bei Ihnen die geistlichen Alarmsirenen losgegangen sind und Sie zugeben müssen, dass Sie sich bis zu einem gewissen Grad selbst betrogen haben, dann liegt die Lösung des Problems nicht darin, dass Sie sich weiterhin selbst betrügen. Geheuchelte, fleischliche Aktivitäten werden keine Wende zum Guten bewirken. Zuerst müssen Sie Busse tun, und dann müssen Sie sich von ganzem Herzen Gott anvertrauen, indem Sie danach trachten, Ihm zu gefallen und Seinem Wort zu gehorchen. Der Geist Gottes wird Sie sodann befähigen und antreiben, gute Werke zu tun. Wenn Ihre innere Einstellung und Ihr Verhalten nach aussen in Übereinstimmung miteinander und mit Gottes Wort sind und Sie sowohl ein Hörer wie auch ein Täter Seines Wortes sind, dann – und nur dann – sind Sie ein ehrlicher Mensch, frei von Selbstbetrug und auf dem Weg, eine *teleios* Person zu werden.

10. Sie können ein Friedensstifter sein

«Können Sie sich das vorstellen? Sie hat ihrem Hund zum Geburtstag einen Kuchen gebacken – für ihren Hund! Zu meinem Geburtstag hat sie noch nie einen Kuchen gebacken.»

Beständig wiederholte Connies Mutter diese Anschuldigung während einer seelsorglichen Aussprache. Deswegen war auch ein heftiger Streit entstanden. Beinahe unglaublich, nicht wahr? Die Mutter fühlte sich beleidigt (in ihrem Stolz verletzt) und die Tochter hatte dies als späte Rache für Einschränkungen, Verbote und Strafen ausgeheckt. Der Kuchen wurde zum Stein des Anstosses.

Solche Streitereien kommen täglich vor – auch unter Christen. Kann man da nichts dagegen tun? Jakobus hat auch hier die Antwort auf dieses Übel.

Da Streitigkeiten so häufig auftreten, und zwar nicht nur zu Hause, sondern in der Gemeinde, am Arbeitsplatz und überall, ist es wichtig, dass Sie den Ausgangspunkt und die Natur einer Auseinandersetzung und das Heilmittel dagegen kennen. Ansonsten wird es Ihnen sehr schwer fallen, einen Streit zu vermeiden oder ihn gütlich zu beenden, falls Sie schon darin verwickelt sind.

Jakobus nennt persönliche Begehren und Lüste als Ausgangspunkt einer Auseinandersetzung zwischen Christen. Da wir Begierden und Lüste schon an anderer Stelle ausführlich betrachtet haben, wollen wir uns darauf beschränken, zu zeigen, wie Lüste und Begierden zu einem Streit führen können.

Für seine Schilderung einer Auseinandersetzung innerhalb einer Gemeinde verwendet Jakobus das Wort «Krieg».

Er schreibt: *«Woher kommen Kriege und woher Streitigkeiten unter euch? Nicht daher: Aus euren Lüsten, die in euren Gliedern streiten? Ihr begehrt und habt nichts; ihr tötet und neidet und könnt nichts erlangen; ihr streitet und führt Krieg. Ihr habt nichts, weil ihr nicht bittet; ihr bittet und empfanget nichts, weil ihr übel bittet, um es in euren Lüsten zu vergeuden»* (4,1–3).

Jakobus beschreibt eindrücklich eine Szene, die wir zu gut kennen. Connie und ihre Mutter fühlten sich übergangen oder schlecht behandelt. Connie sehnte sich nach mehr Freiheit, und ihre Mutter erwartete mehr Dankbarkeit. Und so kämpfte jede, um ihr Ziel zu erreichen – beide vergeblich. Der einzige Gewinner war Satan. Jakobus sagt uns, weshalb. Seine Erklärungen beschränken sich auf die inneren Vorgänge. Wie der Streit im Einzelnen ausgefochten wird, erwähnt er nicht.

Es gibt Kämpfe und Auseinandersetzungen, die nicht nur unvermeidlich, sondern notwendig sind. Die Sünde sollte überall bekämpft werden. Das Lied *Vorwärts Christi Streiter* drückt diese Notwendigkeit treffend aus. Jakobus geht aber nicht auf diese Art der Auseinandersetzung ein. Er denkt vielmehr an Streitereien, die täglich in tausendfacher Weise zwischen Gläubigen vorkommen. Unnötige Auseinandersetzungen, wie jene zwischen Connie und ihrer Mutter, sind es, die dem Werk Gottes Schaden zufügen. Die Soldaten Gottes werden dadurch geschwächt und der Feind gewinnt die Oberhand.

Jakobus beginnt seine Darlegung mit einem Hinweis auf die, die Frieden stiften: *«Die Frucht der Gerechtigkeit aber wird in Frieden denen gesät, die Frieden stiften»* (3,18). Er hat zuvor auf die beiden verschiedenen Arten von «Weisheit» hingewiesen. Die irdische Weisheit führt zu Zerrüttung und Streit; die Weisheit von oben führt zu Frieden und Eintracht. Nachdem er Eifersucht, Eigennutz, Bitterkeit und Rivalitäten als Frucht der irdischen Weisheit aufgezählt hat, stellt er all dem die Frucht der Weisheit von oben gegenüber: Reinheit, Frieden, Güte usw. Der Vers 18 beschliesst diesen Abschnitt.

Menschen, die Frieden stiften, braucht es nicht nur in der Welt, sondern auch in der Gemeinde. Denn die Gemeinde war in jenen Tagen, wie auch heute noch, von irdischer, menschlicher Weisheit verseucht, mit all ihren Folgen: Streit, Kämpfen, usw. Wir haben sehr oft eine zu rosige Vorstellung von den Zuständen innerhalb der ersten Gemeinden. Man hört deshalb auch viele Gläubige sagen: «Wir müssen wieder Gemeinden haben wie im Neuen Testament.» Tatsache ist jedoch, dass wir schon längst solche neutestamentlichen Gemeinden haben. Die Zustände in den heutigen Gemeinden gleichen in sehr vielem den Zuständen in den Gemeinden des Neuen Testaments: Weder damals noch heute sind die Gemeinden Oasen der Ruhe und Freude. Wie damals so auch heute werden die Gemeinden von Irrlehren und Streitigkeiten bedroht. Es macht den Anschein, dass auch zur Zeit der Apostel die Auseinandersetzungen eher persönlicher Natur waren als wegen verschiedener Lehrauffassungen.

Jakobus nun stellt die wichtige Frage: Woher kommen diese Streitigkeiten? Aus welcher Quelle stammen sie? Seine Antwort ist einfach: *«Aus euren Lüsten, die in euren Gliedern streiten»* (4,1). Das Problem liegt bei jedem Gläubigen persönlich. Es steckt in seinen Gliedern; es hat also mit seinem Inneren zu tun.

In seiner Antwort geht Jakobus noch weiter und hält fest, dass diese Konflikte mit Gelüsten und Begierden, mit Mangel an Gebet und mit falschen Motiven zu tun haben. Über das Gebet und sündige Begierden haben wir schon genug gesagt, die Aussage hingegen «eure Gelüste, die in euren Gliedern streiten» bedarf einer genaueren Untersuchung. Jakobus, wie auch Paulus in Röm. 6 + 7, nennt den natürlichen Menschen als Ausgangspunkt des Problems (4,1). Um in der Gemeinde Frieden stiften zu können, müssen wir seine Ausführungen verstehen.

Beachten Sie, wie Jakobus den Vorgang schildert: Er spricht von «Kriegen und Streitigkeiten unter euch». Er macht damit deutlich, dass in der Urgemeinde Unstimmigkeiten und Konflikte vorherrschten. Er gebraucht hier in V. 2 sehr starke Ausdrücke. Die Situation scheint ausser Kontrolle geraten zu sein. Kennen Sie solche Zustände in Ihrer Gemeinde? Oder bei Ihnen zu Hause? In Ihrem Leben? Wenn dem so ist, dann müssen Sie den Worten Jakobus' besondere Aufmerksamkeit schenken.

Wörtlich schreibt Jakobus, dass «eure Gelüste als Soldaten kämpfen» oder «einen Feldzug führen», d. h. sie führen einen

Krieg «in euren Gliedern». Sie kämpfen um einen Preis; sie wollen sich durchsetzen. Konflikte in einer Gemeinde sind oft der Ausdruck der Kämpfe, die sich in den Gläubigen abspielen. Hat man seinen Stolz, Neid, Egoismus über längere Zeit gepflegt und daran sogar Gefallen gefunden, wird sich eine solche Einstellung im Umgang mit andern bald auswirken (3,14–16). Solchen Angriffen von *innen* heraus kann man nur mit der neuen Natur, die durch den innewohnenden Geist gebildet und gestärkt wird, widerstehen. Paulus hat ausführlich über diesen inneren Kampf geschrieben. Auch er hat erfahren müssen, dass zwei Mächte um die Herrschaft in seinem Innern kämpften (Röm. 7,23). Es war sein sehnlichstes Verlangen, dem Herrn mit Seele und Leib dienen zu können, und doch musste er feststellen, dass sein Leib einem anderen Herrn, nämlich sich selbst, dienen wollte.

Wenn Sie Christ sind, haben Sie diese Erfahrung sicher auch schon gemacht. Obwohl Sie Christus gefallen möchten, stehen Sie in einem beständigen Konflikt mit alten Gewohnheiten, Denkweisen und Wegen, die Sie sich seit Ihrer Geburt angeeignet haben. Immer dann, wenn sie (Ihre neue Natur) die Oberhand gewinnt, werden Sie zu einem Friedensstifter; jedes Mal, wenn Sie eine innere Auseinandersetzung verlieren, ist Streit die Folge. Der Grund, weshalb Sie mit andern in der Gemeinde oder zu Hause in unnötiger, sündiger Weise streiten, liegt darin, dass Sie und/oder die andern die innere Auseinandersetzung mit der alten Natur verloren haben.

Jakobus erwähnt diesen inneren Kampf, weil darin entschieden wird, ob Sie ein Friedensstifter oder ein Unruhestifter sind. Sie müssen lernen, den Gelüsten, die gegen Ihre neue Natur streiten, zu widerstehen.

Sieg über Ihre alte Natur

Nun wollen wir den Weg zum Sieg betrachten. Sie verspüren einen starken Drang, dem Sie so schnell wie möglich nachgeben möchten. Sie wollen eine bestimmte Sache unbedingt haben, aber Sie beten nicht dafür – warum? Ihr Gebetsleben ist sehr mangelhaft. Sie haben noch nicht gelernt, alle Ihre Anliegen vor Gott zu bringen und Ihre Bedürfnisse von der Zustimmung Gottes abhängig zu machen. An diesem Punkt können Sie zu Ihrem Siegeszug über die alte Natur aufbrechen: Beginnen Sie damit, jedes Anliegen im Gebet vor Gott zu bringen und die Erhörung von Seinem Willen abhängig zu machen.

Ein weiteres Problem kann darin bestehen, dass Sie, um Ihre Ziele zu erreichen, rücksichtslos vorgehen oder dann, wenn Sie scheitern, andern die Schuld zuschieben. Auch solche Konflikte müssen vermieden werden. Wenn Sie merken, dass Sie aus irgendeinem Grund etwas nicht erreichen, können Sie Gott bitten, dass Er die Sache in die Hand nehmen soll. Sie werden dann bald merken, ob Sie in dieser Sache versagt oder gesündigt haben. Ist dies der Fall, sollten Sie Gott Ihr Versagen bekennen und Ihn um Vergebung bitten, und Er wird Sie auf den richtigen Weg leiten. Manchmal handelt es sich aber nicht um ein Versagen oder eine Sünde Ihrerseits, auch nicht um mangelndes Gebet, sondern Sie trachten nach etwas, was Gott Ihnen nicht geben will. Nun, auch in diesem Fall können Sie Ihn bitten, dass Er Ihnen hilft, damit fertigzuwerden und nach den Dingen zu trachten, die Er Ihnen geben möchte. Diese Kämpfe siegreich zu bestehen, ist nicht immer leicht. Haben Sie jedoch über Ihre alte Natur gesiegt, wird auch kein Streit mehr zwischen Ihnen und den anderen Gläubigen in der Gemeinde entstehen.

Bei diesem Sieg kommt wiederum das Prinzip des Ablegens und Anziehens zur Anwendung. Sie müssen Ihre persönlichen Wünsche und Ansprüche ablegen und dem Willen Gottes den absoluten Vorrang geben. Dies wird auch Auswirkungen auf Ihr Gebetsleben haben (vgl. 1. Joh. 5,14). Sie tun dabei nichts anderes, als dass Sie den Ruf Jesu in Seine Nachfolge ernst nehmen, täglich Ihr Kreuz auf sich nehmen, Ihr Ich verleugnen (wörtlich «nein sagen zu ...») und Ihm nachfolgen. Ferner werden Sie auch lernen müssen, den andern höher zu achten als sich selbst (Phil. 2,3 + 4). Das neue Leben wirkt sich darin aus, dass Sie Ihre Glieder Gott als Werkzeuge der Gerechtigkeit zur Verfügung stellen (Röm. 6,13 + 16 + 19).

Ein Problem unserer Tage

Die humanistische Bedürfnistheorie («need theory») von Abraham Maslow ist auch unter Christen weit verbreitet. Er nennt diese Gelüste und Begierden, die in den Gliedern streiten, «Bedürfnisse». Diese Verwechslung der zwei Begriffe «Begierde» und «Bedürfnis» hat die Unsicherheit und Verwirrung unter Gläubigen vergrössert. Unter dem Deckmantel eines *Bedürfnisses* werden allerlei Begierden und Gelüste gutgeheissen. Überdies, und das macht die ganze Sache noch viel schlimmer, wird behauptet, dass man Gott nicht gefallen und seinen Nächsten nicht lieben könne, wenn man nicht zuvor seine eigenen «Bedürfnisse» gestillt habe. Mit dieser pseudowissenschaftlichen Theorie versucht man nichts anderes, als die sündigen Neigungen des Menschen zu entschuldigen. Da sich diese Ansicht leider einer zunehmenden Beliebtheit und Anhängerschaft unter den Gläubigen erfreut, werden die Konflikte und Auseinandersetzungen in den Gemeinden zunehmen, da man die Wahrheit des Wortes aufgegeben hat.

Man kann sich lebhaft vorstellen, welche enormen Probleme sich aus dieser Ansicht ergeben werden: Man entschuldigt gerade jene Begierden und Gelüste, die Jakobus als Auslöser jeden Streits bezeichnet, und nennt sie «Bedürfnisse», womit man nur denen hilft, die gerne ihre Sünden verbergen und all jene verwirrt, die Gott treu dienen möchten. Deshalb kann man nur eindringlich vor dieser «Bedürfnistheorie» warnen und deren humanistische Grundtendenz aufzeigen.[18]

Um alles auf einen Nenner zu bringen, können wir abschliessend feststellen: Jakobus hat wieder einmal deutlich gemacht, dass der Ausgangspunkt des Problems in Ihnen selbst liegt. Es geht also auch hier darum, dass Sie Ihre alten Gewohnheiten, an die sich Ihr Körper schon so sehr gewöhnt hat, durch neue ersetzen müssen, wenn Sie ein Friedensstifter sein wollen. Ihre alte, sündige Natur hat Ihrem Körper – auch Ihr Verstand oder Gehirn gehört zum Körper – schlechte Gewohnheiten übertragen (unter «Körper» oder «Leib» versteht die Bibel alles, was verwesen wird). Demzufolge muss Ihr

Körper neue Gewohnheiten annehmen. Der Heilige Geist übernimmt diese Aufgabe in Zusammenarbeit mit Ihnen. Er zeigt Ihnen die biblischen Alternativen zu Selbstsucht und Eigennutz. Diese Erneuerung bedingt eine bewusste, regelmässige Anstrengung Ihrerseits, wobei Sie Ihre Glieder Christus zur Verfügung stellen (Röm. 6,13 + 16 + 19). Wenn Sie sich die Zeit nehmen und die Mühe machen, diese inneren Kämpfe auszufechten – und nicht in Streitigkeiten mit andern verfallen – werden Sie an beiden Fronten bald Fortschritte feststellen.

Trennungen, die als Folge von Streitigkeiten in Ihrer Familie oder Gemeinde entstanden sind, können überwunden werden. Anstatt ein Mensch zu sein, der Zwistigkeiten und Spannungen verursacht, können Sie ein Friedensstifter sein. Dies wird geschehen, wenn Sie persönlich lernen, Ihre Gelüste in Ihren Gliedern zu bekämpfen, zu besiegen und hernach andern zeigen, wie auch sie ihre sündigen Begierden überwinden können.

11. Sie können treu bleiben

Ein weltliche Gesinnung macht sich zunehmend bei zahlreichen Christen bemerkbar. Ich meine damit nicht, dass der einzelne Gläubige einfach eine geringere Anzahl von Geboten befolgt. Weltlich gesinnt sein, hat vielmehr mit einer Grundeinstellung zu tun: «Richte ich mich nach der Welt oder nach Gott?» Jakobus verwendet den Ausdruck «Freundschaft» und versteht darunter, eine zu enge Beziehung mit der Welt pflegen (Jak. 4,4). Die Freude an weltlichen Dingen oder Beschäftigungen hat die Freude am Herrn ersetzt. Jakobus nennt dies auch «geistlichen Ehebruch». Der weltliche Christ hat eine Liebschaft mit der Welt.

Was versteht Jakobus eigentlich unter «Welt»? Er meint damit die grosse Masse von Menschen, die ohne Christus leben und die, was ihre Vergnügungen, Beschäftigungen und Lebensauffassungen anbelangt, den Einflüssen Satans unterworfen sind (vgl. 1. Joh. 5,19: «die ganze Welt liegt in dem Bösen»). «Welt» bedeutet nicht ein heilloses Durcheinander; im Gegenteil, das Wort für Welt *(kosmos)* bedeutet «etwas Geordnetes, etwas Ganzes». Es ist vielmehr ein System, das unter der Herrschaft Satans steht (Joh. 14,30; 16,11).

Weil weltliche Christen im Grunde genommen ihrem Bräutigam gegenüber untreu sind, nennt Jakobus sie «Ehebrecherinnen» (4,4). Die Gläubigen sind die Braut Christi. Wenn jemand seine Zuneigung, seine Liebe einem andern zuwendet, dann ist das geistlicher Ehebruch. Jakobus schreibt dies vielleicht in Anlehnung an die Worte Jesu «eine böse und ehebrecherische Generation» (Matth. 12,39;16,4). Auch den Schreibern des Alten Testaments war dieser Vergleich – Gott der Gemahl, Israel die Frau – bekannt (Jes. 54,5 ff.; Jer. 3,6–14 + 20).

In seinem Brief kommt Jakobus auf dieses Thema im Zusammenhang mit Gebet zu sprechen. Der Gläubige kann nicht von Gott erwarten, dass Er seine Gebete erhört, solange er mit einer andern herumzieht. Falls jemand in einem seelsorglichen Gespräch sagen sollte, dass Gott die Gebete der betreffenden Person nicht erhört, dann ist die beste Frage immer die: «Unterhalten Sie eine Liebschaft mit Herrn/Frau Kosmos?»

Jeder Ehebruch, auch der geistliche, ist letztlich eine Frage der *Wahl.* Niemand ist gezwungen, diese Art von Sünde zu begehen. Jakobus macht deutlich, dass *«wer nun ein Freund der Welt sein will, sich als Feind Gottes erweist»* (4,4 b). Beachten Sie das Wort *will,* was auf einen klaren Entschluss, auf eine Wahl hindeutet. Das Wort *Freund* in diesem Vers kann interessanterweise auch mit *Liebhaber* übersetzt werden, was auch passender wäre. Zur Zeit des Neuen Testaments, wie auch heute noch, hatte das Wort *philos* sowohl die Bedeutung von Freund wie auch von Liebhaber, was ja auch für das deutsche Wort Freund gilt. Wenn man sich unbedingt Gottes Feindschaft sichern will, dann braucht man nur eine Liebschaft mit der Welt einzugehen.

Da geistlicher Ehebruch immer einem freien Entschluss entspringt, macht Gott Sie dafür auch vollumfänglich verantwortlich. Er lässt keine Ausflüchte und Entschuldigungen gelten. Oft hört man Leute klagen, dass sie gar nicht anders konnten. Irrtum! Ehebruch ist eine Tat, zu deren Vollendung es mehrere Stufen braucht, und auf jeder Stufe kann der Vorgang abgebrochen werden. Das Ganze kann mit den einzelnen Stufen verglichen werden, die wir beim Thema «Versuchungen» behandelt haben. Jakobus liegt absolut richtig, wenn er sagt, dass dem Ehebruch immer ein freier Entschluss vorangeht, und Sie sich folglich als Feind Gottes erweisen, weil Sie sich mit Seinem Erzfeind eingelassen haben. Die Schuld liegt nicht bei Gott; die Ehebrecherin, der Ehebrecher, sind Sie. Sie haben es so gewollt, haben Ihr Einverständnis dazu gegeben und müssen die Konsequenzen tragen.

Was bringt den Gläubigen dazu, geistlichen Ehebruch zu begehen?

Eifersüchtiges Verlangen (4,5; Menge-Übersetzung). Wenn Sie auf die Weltmenschen schauen und sie um ihren Erfolg beneiden, werden Sie sich unweigerlich von Gott entfernen

(«Der Nachbar hat dies und jenes. Ich muss das auch haben»). Israel begehrte einen König zu haben, «wie es bei allen Nationen Sitte war». Wenn Sie sich von Ihren Begierden und Wünschen und nicht von Gottes Geist leiten lassen, dann ist Weltlichkeit die Folge (Gal. 5,16 + 17;19–21). Wir haben es auch hier mit einem inneren Problem zu tun – welchen Dingen Sie Gewicht beimessen, ist eine Frage der Einstellung und Neigungen. Es ist keine Sache, in die Sie zufällig hineingezogen werden, ohne irgendetwas zu merken. Ihr Wille ist mitbeteiligt.

Folglich kann die Befreiung von einer weltlichen Gesinnung nur über den Willen geschehen. Jakobus fordert die weltlichen Christen zur Busse auf. Busse tun ist ein bewusster Willensakt. Sie sind zur Einsicht gekommen, dass Sie Ihre Einstellung über Ihren Wandel vor Gott radikal ändern müssen und wollen. Es muss Ihnen dabei völlig ernst sein; Gott wird auf keine faulen Tricks hereinfallen.

Jakobus zählt drei Dinge auf, die eine echte Busse kennzeichnen: Betrübnis empfinden über die Sünde, Bekennen dieser Sünde und sich demütigen vor Gott. Hat der Ehebrecher diese drei Dinge getan, führt dies zu einer Annäherung zu Gott, wodurch die ungetrübte Beziehung zu Ihm wiederhergestellt ist. Dies ist es, was Jakobus mit den Worten *«Naht euch Gott, so wird er sich euch nahen»* (4,8) meint. Geistlicher Ehebruch trübt die Beziehung mit Gott und bewirkt, dass Sie, die untreue «Frau», sich von Ihm entfernen. Echte Busse bringt alles wieder zurecht.

Es fällt leider vielen Menschen schwer, ihre Schuld oder ihre Fehler zuzugeben. Ihr Stolz hindert sie daran. Deshalb geht Demut mit echer Busse Hand in Hand (4,10). Eine Frau sagte einmal: «Ich habe mich zu dieser seelsorgerlichen Aussprache entschlossen, als mein Mann bekannte, dass er mir Unrecht angetan hatte und mich um Vergebung bat. Es war das erste Mal, dass er das tat, und wir sind schon seit 12 Jahren verheiratet. Als ich ihn das sagen hörte, wusste ich, dass es ihm ernst damit war. Wahrscheinlich hat ihn noch nie etwas so viel Überwindung gekostet wie dieses Bekenntnis!»

Können Sie sich das vorstellen? Nach zwölf Jahren Ehe hat dieser Mann seine Frau zum ersten Mal um Vergebung gebeten! Fällt es Ihnen auch so schwer, Ihre Sünden vor Gott zu bekennen? Dann demütigen Sie sich; schieben Sie es nicht auf. Lassen Sie es nicht zu, dass der Stolz die kostbare Beziehung zu Gott zerstören kann. Nähern Sie sich Gott, bekennen Sie Ihm Ihre ehebrecherische Beziehung mit der Welt, tun Sie es am besten gleich.

Andere wiederum tun Busse, weil sie sich davon einen Ausweg aus ihren Schwierigkeiten erhoffen, oder weil sie meinen, Gott würde sie bevorzugt behandeln. Bedenken wir folgendes:

Ein Mann hat seine Frau betrogen. Seine Sünde wird entdeckt. Viele seiner Freunde verlassen ihn wegen dieses Skandals. Er wird gemieden und verachtet. Er möchte alles wieder gutmachen, bittet um Vergebung und sagt, er habe Busse getan. Wie kann man wissen, ob er nun aufrichtig ist oder nicht?

Im Grunde genommen weiss nur Gott, ob der Mann ehrlich ist. In vielen Fällen ist sich der Betreffende selbst nicht ganz sicher, ob er es wirklich ernst gemeint hat. In solchen Fällen kann folgende Frage Klarheit verschaffen: Angenommen, seine Sünde wäre niemals entdeckt worden, würde er es noch einmal tun? Wie wäre das bei Ihnen? Würden Sie erneut mit der Welt einen Pakt schliessen, wenn Sie wüssten, Sie würden vor Gott ungestraft davonkommen? Wenn dem so ist, dann geschah Ihre Busse deshalb, weil Ihnen die unangenehmen Folgen des Erwischtwerdens zu schaffen machten. Sie möchten nie mehr so etwas durchmachen müssen.

Echte Busse geschieht aber aus der Erkenntnis, dass man gegen Gott gesündigt hat und man deswegen niedergeschlagen ist. Echte Busse entspringt dem tiefen Verlangen, verändert zu werden, um Gott zu gefallen, und nicht aus dem Verlangen, verändert zu werden, damit es einem besser geht. Auch beim Bussetun sind unsere *Motive* entscheidend. Wem gilt Ihre Treue, Gott oder der Welt?

Verwandlung erforderlich

Wie kommt es zu dieser Verwandlung? Es ist der Vorgang der Heiligung: weg von der Sünde hin zur Gerechtigkeit, wobei wiederum das Prinzip des Ablegens und Anziehens zur Anwendung kommt. Auf V. 7 bezogen heisst das:

1. Ablegen: *Widersteht dem Teufel.* Jakobus versichert Ihnen, dass der Teufel dann fliehen wird. Er wird Sie für diesmal in Ruhe lassen, so wie er von Jesus weichen musste, als Er ihm in der Wüste mit Erfolg widerstand. Zum erfolgreichen Widerstehen gehört der rechte Gebrauch der Schrift. Jeder Versuchung kann mit einem passenden Wort Gottes widerstanden werden. Das Wort Gottes ist ein Schutz gegen die Sünde.

2. Anziehen: *Unterwerft euch Gott, und Er wird sich euch nahen.* Die Trennung, die zwischen Ihnen und Ihrem himmlischen Bräutigam wegen Ihres geistlichen Ehebruchs entstanden ist, kann überwunden und in eine gesunde Beziehung verwandelt werden. Dies aber können Sie nicht aus eigener Kraft vollbringen, sondern Gott ist derjenige, der die Gnade (oder Kraft) dazu gibt (V. 6). Diese erneute Unterwerfung unter Gott und Seinen Willen kann mit der Nachfolge Jesu gleichgesetzt werden, und das Widerstehen dem Teufel gegenüber ist dasselbe wie das Kreuz auf sich nehmen und sein eigenes Leben verleugnen.

Eine weltliche Gesinnung offenbart sich aber nicht nur darin, dass man sich materielle Dinge anhäuft oder Dinge tut zur Befriedigung der eigenen Gelüste. Gebildete Gläubige offenbaren ihre Weltliebe dadurch, dass sie intellektuell mit der Welt mithalten wollen. Sie suchen die Anerkennung der Welt, wollen auf keinen Fall als altmodisch gelten und müssen immer auf dem Laufenden sein. Wie gerne möchten sie der Welt zeigen, dass ihre Philosophie, Soziologie, Psychologie oder Erziehung ohne weiteres mit denen der Welt zu vereinbaren sind. Oft fängt es ganz harmlos an, – wie auch oft ein Ehebruch harmlos beginnt – man sucht den «Dialog» und landet schliesslich im Bett von Herrn Kosmos. Man sucht ja gerade die Freundschaft der Welt, anstatt sich innerlich von ihr zu distanzieren. Falls sich in der nächsten Generation die christliche Gemeinde gänzlich mit der Welt vermischt, dann wird dies meines Erachtens das Werk der gläubigen Theologen und Intellektuellen sein.

Ich habe schon von der Gefahr gesprochen, die die unbiblische Bedürfnistheorie von Maslow für die Gemeinde darstellt. Diese Tendenzen, meine ich, bringen eine Vermischung. In der Seelsorge kommt es öfter zu geistlichem Ehebruch. Aber nicht nur dort. Der Humanismus im christlichen Gewand lauert an allen Ecken. Es ist erschreckend, wie leicht die Ansichten der Welt von den Gläubigen als Tatsachen und Wahrheiten übernommen werden. Die Aussagen des Johannes bezüglich der Welt sind sehr treffend (1. Joh. 2,15; 4,1 + 5).

Der Geist dieser Welt ist für jeden Christen eine Gefahr. Dies wird am Fall von Mildred deutlich, die eines Tages zu ihrem Seelsorger ging und ihm gestand: «Ich bin eine Mörderin.» Sie hatte sich vom Feminismus anstecken lassen und als Folge davon ihr Baby abtreiben lassen. Nach einiger Zeit entsagte sie dem Feminismus und es wurde ihr bewusst, was sie getan hatte. Sie war gläubig, doch hatte sie sich vom Herrn abgewandt – eine geistliche Ehebrecherin. Weil sie aber ein Kind Gottes war, blieb sie nicht für immer unter dem Einfluss des Geistes dieser Welt. Der Geist Gottes sprach zu ihr und bewirkte, dass sie wieder zurechtkam. Ihre schreckliche Tat hingegen konnte nicht mehr rückgängig gemacht werden. Eines aber konnte sie tun: Aufgrund des Blutes, das Christus am Kreuz für alle Sünden vergossen hat, konnte sie sich wieder Gott nahen, Busse tun und ihre Familie um Vergebung bitten. (Vergebung hat zwei Aspekte: die rechtliche Vergebung, die bei der Bekehrung zugesprochen wird und einmalig und ewig ist; die väterliche oder familiäre Vergebung, um die wir im Leben Tag für Tag nachsuchen müssen.)

Für den Gläubigen in der heutigen Zeit ist es besonders wichtig zu wissen, was die Kennzeichen einer weltlichen Gesinnung sind. Dabei geht es aber nicht um eine Liste von Verboten oder um einen Katalog von Vorschriften. Das Entscheidende ist, ob man sich nach Gott oder nach der Welt orientiert.

Die Welt, wie sie von Gott geschaffen wurde, war nicht schlecht oder böse. Im Gegenteil, Gott bezeichnete sie als «sehr gut». Das Problem entsteht da, wo die Welt den Platz Gottes einnimmt, Ihn ersetzt. Da beginnt auch schon der Götzendienst und darüber muss man Busse tun. Wir leben in der Welt und können uns nicht in eine «andere» Welt zurückziehen, sondern wir müssen die rechte Beziehung und Gesinnung gegenüber der Welt haben. Ein Christ darf und soll die Dinge dieser Welt gebrauchen. Gott erweist Seine Güte in diesem Leben, lässt uns Seine Fürsorge in dieser Welt erfahren. Daran darf man sich als Christ freuen, wobei der Massstab für den rechten Umgang mit der Welt das Wort Gottes ist. Die «Welt» als Schöpfung Gottes und die «Welt» als satanisches System sind nicht ein und dasselbe.

Da sich hinter einer weltlichen Gesinnung letztlich nichts anderes als Neid verbirgt – ein innerliches Problem –, braucht es zu deren Bekämpfung mehr als nur ein Einhalten einer Liste von Geboten. Ein Mensch kann sich sogar eine Reihe von Einschränkungen und Geboten auferlegen und sie einhalten, wie schwer sie auch sein mögen, und dennoch in seinen Entschlüssen und Neigungen sehr weltlich sein. Wenn er andere um ihre Macht, ihre Berühmtheit, ihren Reichtum und gesellschaftliche Stellung beneidet, die sie als Belohnung für ihre Weltliebe vom Bösen erhalten haben, dann offenbart dies eine tief sitzende Weltlichkeit, die sich früher oder später in geistlichem Ehebruch auswirken wird. In Phil. 3,3–6 wird der weltlich gesinnte Saulus beschrieben, wogegen die Verse 7 + 8 den radikal veränderten Paulus zeigen, der über seine weltliche Gesinnung Busse getan hatte.

Der Israelit musste die ganze Zeit überlegen, ob die Dinge, die er ass, die Sachen, die er anzog, und was er tat, «rein» oder «unrein» waren. Einige dieser Entschlüsse, die er fällen musste, erscheinen uns sehr eigentümlich. Wenn wir aber bedenken, was das für ihn für Auswirkungen hatte, dann finden wir dies nicht mehr so merkwürdig. Den ganzen Tag, sein ganzes Leben lang, in allen Entscheidungen, musste er wählen: entweder auf dem Weg Gottes zu wandeln oder auf einem anderen. Dieses beständige Abwägen zwischen «rein oder unrein» diente dazu, eine antithetische Gesinnung hervorzubringen. Er konnte klar zwischen Recht und Unrecht unterscheiden, wogegen das Denken und Urteilen heute, in der Gemeinde und überall, von Unklarheiten und «Grautönen» geprägt ist. Dort wo diese Klarheit im Denken und Urteilen verwischt worden ist, wo man weder kalt noch heiss ist, ist es der Welt gelungen, die Gemeinde für jeden Kompromiss empfänglich zu machen.

Der ausdrückliche Befehl, «sich selbst von der Welt unbefleckt zu erhalten» (Jak. 1,27), was ein Kennzeichen wahren christlichen Glaubens ist, wird in unseren Tagen unter Gläubigen selten erwähnt. Es gibt kaum eine Wahrheit, die man öfter wiederholen sollte als diese. Leider bietet man den Gläubigen andere «Wahrheiten» an: Ausgleich mit der Welt, Zusammenarbeit mit allen, Lernen von der Welt. Aber im Umgang mit der Welt sollten Sie immer folgende Überlegung anstellen: «Ich muss vorsichtig sein, denn sonst kann ich allzu leicht zum geistlichen Ehebruch verführt werden. Ist diese Sache rein oder nicht? Was hätte Jesus an meiner Stelle getan? Kann ich den Weg Gottes in dieser Angelegenheit klar vom Weg der Welt unterscheiden?»

Die Gläubigen sind geneigt, die Gefahr der Vermischung mit der Welt zu unterschätzen. Sie denken: «Ich muss so gut es geht mit der Welt auskommen.» Sie betrachten es als ihre Pflicht, die Aussagen der Bibel mit dem Zeitgeist in Einklang zu bringen. Das Konzept einer Antithese (mit den Worten des Jakobus, die Wahl zwischen Freundschaft mit der Welt oder mit Gott) ist den meisten fremd oder unwichtig.

Diese innere Haltung oder Gesinnung, durch die Ihre Freundschaft und Treue bestimmt wird, ist entscheidend, um Gott zu gefallen. Entdecken Sie bei sich Spuren, die auf Weltliebe hinweisen, oder Neid weltlichen Menschen gegenüber? Bemerkt man zwischen Ihnen und der Welt kaum einen Unterschied? Sind Sie sich bewusst, was Freundschaft mit der Welt für Gott bedeutet? Wenn Sie wählen, entscheiden oder ähnliche Dinge tun müssen, ist da Ihre erste Überlegung wirklich die: «Ist dies rein (Gottes Weg) oder unrein (der Weg der Welt)?» Wenn Sie diesbezüglich Zweifel haben, kann es sein, dass Sie stark mit der Welt verstrickt sind. Wenn Sie mit Herrn Kosmos eine Liebschaft haben, dann gibt es nur einen Ausweg: Busse tun und sich Gott nahen!

12. Sie können umsichtig planen

Ohne Planen kommen Sie nicht aus. Sie planen Zusammenkünfte, Programme, Projekte und andere Dinge. Sie planen Ihre Zukunft, was Sie lernen wollen, welche Schule Sie besuchen möchten. Wir alle planen. Einige sind darin sehr geschickt, andere nicht. Viele unserer Pläne, für die uns die Welt sogar bewundert, sind für Gott unannehmbar. Biblische Planung geschieht nicht dadurch, dass man die Anweisungen aus einem guten Handbuch für Manager befolgt. Gott hat in dieser Sache ein entscheidendes Wort mitzureden. Seine Kinder müssen lernen, in Übereinstimmung mit Seinen Wegen zu planen.

Ihre innere Einstellung ist sehr wichtig, damit Sie nach Gottes Willen planen können. Sie können sich dabei nicht einfach hinsetzen und drauflosplanen – Ihre Überlegungen und Pläne müssen von einem biblischen Denken geprägt sein. Erst dann werden Sie die richtige Einstellung und Sicht der Dinge bekommen, die es braucht, um Gott zu gefallen. Sie können sich noch so anstrengen und die besten Pläne ausdenken, Sie werden Gott nicht damit imponieren. Auf Ihre Beziehung zu Ihm kommt es an. Da jedoch Pläne in unserem Leben eine derart grosse Rolle spielen und auch wichtig sind für das Vorhaben Gottes, aus Ihnen eine *teleios* Person zu machen, müssen Sie lernen, umsichtig zu planen. Wir werden gleich sehen, was damit gemeint ist.

Jakobus schildert uns folgende Situation: *«Wohlan nun, die ihr sagt: Heute oder morgen wollen wir in die und die Stadt gehen und dort ein Jahr zubringen und Handel treiben und Gewinn machen»* (Jak. 4,13). Hier wird uns nun ein jüdischer Händler beschrieben, der seine geschäftlichen Angelegenheiten plant. Soweit wir beurteilen können, ist das nichts Schlimmes; wir alle planen solche Dinge. Wieso hat nun Jakobus etwas daran auszusetzen? Weil der Händler in seiner Planung etwas vernachlässigt. Er übersieht Gott völlig. Es geht nicht darum, dass man Gott wohl oder übel in seine Pläne einschliesst, sondern Er sollte in allen unseren Plänen von A bis Z den Vorrang haben. Ist dem nicht so, ist unser Planen mangelhaft.

Es haben mich schon Leute gefragt, ob diese Stelle im Jakobusbrief jedes Planen ausschliesse. Ganz sicher nicht! Das Gegenteil ist der Fall. Jakobus weiss genau, dass wir im Leben Pläne machen müssen, und deswegen möchte er uns helfen, umsichtig zu planen. Auch wenn er vor einer eigenwilligen, anmassenden Haltung beim Planen warnt, so gibt er uns doch wichtige Anhaltspunkte, um gottgemäss planen zu können.

Planen und Ihr Glaubensleben

Ihre Art und Weise zu planen offenbart vieles über Sie. Vor allem kann man daran ablesen – und das ist von grösster Wichtigkeit – wie Ihre Beziehung zu Gott ist und welche Bedeutung Er in Ihrem Alltagsleben hat. Wenn Sie zu jenen «Sonntagschristen» gehören, deren Glaube für den Rest der Woche tot ist, dann werden Sie Gott kaum in Ihre Pläne einschliessen. Jakobus betrachtet das Problem aus einem interessanten Blickwinkel. Er erwähnt gar nicht, dass die Dinge, die Sie zu tun gedenken, biblisch vertretbar sein sollten; er setzt das voraus. Offensichtlich schliesst er unbiblisches Planen von vornherein aus. Entscheidend ist, was Sie in der Folge mit Ihren Plänen tun. Die Einstellung, die Sie Ihren Plänen gegenüber einnehmen und wie Sie sie dann ausführen, ist überaus wichtig. Daran wird ersichtlich, ob Ihr Glaube echt und lebendig ist. Es ist nicht so schwierig, biblische Pläne auszudenken, es wird erst dann schwierig, wenn diese Pläne durchkreuzt und abgeändert werden.

Jakobus' jüdischer Händler meinte, uneingeschränkt planen zu können. Aus diesem Grund war seine Einstellung, als er seine Reiseroute für das darauf folgende Jahr plante, von Anmassung geprägt, als ob die Zukunft allein in seinen Händen liegen würde. Dem ist nicht so. Gott allein bestimmt die

Zukunft. Wenn wir uns also mit der Zukunft beschäftigen, was bei jedem Planen der Fall ist, müssen wir dieser Tatsache Rechnung tragen. Gott weiss alles im Voraus, und dies müssen wir in unseren Plänen berücksichtigen.

Ziehen Sie Gottes Vorherwissen und Vorsehung bei Ihren Plänen nicht in Betracht, so zeugt das von Anmassung oder Einbildung. Selbständiges Planen setzt törichterweise Fähigkeiten und Ansprüche voraus, die man gar nicht besitzt. Wenn Sie in der Weise planen, beanspruchen Sie für sich eine Stellung oder Macht, die einzig Gott zusteht. Dass eine solche Gesinnung Sünde ist, dürfte einleuchten, und Sie müssen darüber Busse tun, falls Sie diese Einstellung in Ihrem Herzen festgestellt haben.

«Ach, manchmal vergesse ich einfach, Gott in meine Pläne einzuschliessen.» Wie? Sie denken bei Ihrem Planen gar nicht an Gott? Darum geht es ja eben. Gott ist in Ihrem Alltagsleben so unbedeutend, dass Sie Ihn in Ihren Plänen gar nicht berücksichtigen und Ihm erst recht nicht den Vorrang einräumen. Aus welchen Gründen Sie auch immer Gott aus Ihren Plänen ausschliessen, es ist Sünde. Der jüdische Händler wusste um Gott, doch er war weit davon entfernt, ein *teleios* Mensch zu sein, da er seine Pläne ohne Gott machte.

Wenn Sie in Zukunft Gott in Ihre Pläne einschliessen wollen, dürfen Sie folgende vier Tatsachen nicht vergessen:

1. Ihr Leben ist kurz (Jak. 4,14).
2. Ihr Leben ist unvorhersehbar (V. 14).
3. Ihr Leben ist vergänglich und schwach (V. 14).
4. So der Herr will (V. 15).

Ihr Leben ist kurz

In Ihrem Planen sollten Sie nie den Blick für die Ewigkeit verlieren. Als gläubiger Christ wissen Sie, dass Sie zu denen gehören, die die Ewigkeit beim Herrn verbringen werden. Dieses Wissen sollte einen Einfluss haben auf die Art und Weise, wie Sie heute planen. Ihr Denken und Ihre Überlegungen sind nicht nur auf irdische, zeitliche Dinge beschränkt, wie dies bei einem Ungläubigen der Fall ist. Letztlich ist es ja gar nicht so entscheidend, was mit Ihren Plänen und Absichten geschieht. Ihr Leben ist nicht auf das Diesseits beschränkt, und Sie leben nicht nur für sich, sondern für Ihren Herrn und Heiland. Jesus hat auf den grossen Unterschied hingewiesen, der zwischen der heidnischen, Diesseits-orientierten Philosophie und der christlichen Lebensauffassung, in der Gott und Sein Reich den Vorrang haben, besteht (Matth. 6,32 + 33). Da der Heide irdisch gesinnt ist, trachtet er eifrig danach, sich in diesem Leben Vorteile und Reichtümer zu verschaffen. Der Christ trachtet nach dem, was droben ist (Kol. 3,1). Was Sie auch immer auf dieser Erde tun – einschliesslich Ihrer Pläne –, sollte mit Blick auf die Ewigkeit, auf den Himmel, geschehen.

Viele Leute – auch Christen – versuchen der Frage, die Jakobus stellt, auszuweichen! Und doch, jede Geburtstagsfeier, jedes Begräbnis, jede schwere Krankheit und jedes Planen für die Zukunft ist ein deutlicher Hinweis von Gott, der uns daran erinnert, dass unser Leben ein Dampf, ein Hauch, ein Rauch ist, der bald verschwindet (Jak. 4,14)!

Nehmen Sie einmal Ihr Fotoalbum hervor oder schauen Sie sich alte Dias oder einen Film aus dem Urlaub an. Erinnern Sie sich noch? Das sind ja Vater und Mutter; wie sie lachten, glücklich waren, Sie umarmten, als wenn es erst gestern gewesen wäre. Jetzt liegen sie im Grab, sind stumm, und doch haben diese verblichenen Bilder, diese stummen Lippen eine Botschaft an Sie: «Unser Leben war ein Dampf, ein Hauch, ein Rauch!»

Gefühlsduselei? Nein, überhaupt nicht. Wenn Sie diese Tatsachen nicht wahrhaben wollen, dann machen Sie sich Illusionen. Sie betrügen sich selbst, wenn Sie sich einreden, dass Sie ewig auf dieser Erde leben werden und dementsprechend planen und handeln.

Wir wollen nun aber die zweite Tatsache betrachten.

Ihr Leben ist unvorhersehbar

Gut, Sie leben noch; vielleicht haben Sie noch vierzig oder sogar fünfzig Jahre vor sich. Vielleicht aber auch nicht. Je älter Sie werden, umso kleiner werden die Zahlen. Denken Sie einmal zehn Jahre oder fünf oder auch nur ein Jahr zurück. Wie haben Sie damals Ihre Zukunft geplant? Was dachten Sie, was Sie heute tun würden?

In unserer Familie haben wir einen Brauch. Alle drei Jahre schreibt Betty, meine Frau, uns allen Briefe, in denen sie erwähnt, wie es uns zur Zeit geht, was unsere Pläne für die Zukunft sind, und wie wir uns vorstellen, wie diese Pläne in Erfüllung gehen werden. Wir kleben die Briefumschläge zu und legen sie beiseite. Dann, nach drei Jahren öffnen wir sie und lesen sie … Wie sehr haben wir uns doch in unseren Erwartungen getäuscht! Die Pläne, die wie erhofft in Erfüllung gegangen sind, rufen lautes Erstaunen und Aufregung hervor, weil es so wenige sind.

Aus diesem Grund hebt Jakobus das umsichtige, von Gott abhängige Planen hervor. Solches Planen rechnet mit Gott, und man ist sich dabei bewusst, dass Seine Pläne vielleicht nicht mit den unsrigen übereinstimmen. Wir anerkennen Seine Herrschaft über unser Leben und zeigen es Ihm auf diese Weise. Solches Planen geschieht mit der Einstellung: «Ich werde dies oder jenes tun, *wenn der Herr will.*»

Dieses «wenn» ist entscheidend; das gibt der Sache ein ganz anderes Gesicht. Sie dürfen das bei Ihren Plänen nie vergessen. Dieses «wenn» hat nichts mit Zweifel, Unsicherheit oder Sorge zu tun. Dieses «wenn» ist der Ausdruck einer vertrauensvollen Haltung, die sich auf die Güte und Weisheit eines himmlischen Vaters abstützt, der versprochen hat, alles zu Ihrem Besten dienen zu lassen. Dieses «wenn» vertreibt alle anderen «wenn und aber». Unser Sorgen verwandelt sich in Zuversicht, weil wir auf den allmächtigen Gott hingewiesen werden, der wie kein anderer unsere Angelegenheiten perfekt zu leiten versteht. Der Mensch, der Gott in seine Pläne miteinbezieht, ist ein glücklicher Mensch, da er die Gewissheit hat, dass der Meisterplaner ihm zur Seite steht.

Natürlich müssen Sie Pläne machen. Es ist Gottes Wille, und Er selbst plant voraus. Er hat Sein Erlösungswerk vorausgeplant und hat dann später Seinen Plan gemäss Seiner Voraussage ausgeführt, nämlich als Er Christus in diese Welt sandte. Im Unterschied zu Gott müssen Sie lernen, mit einer Art «heiliger Vorsicht» zu planen und anpassungsfähig zu sein. Ihrem Verständnis der Bibel entsprechend und auf Ihre jeweilige Situation bezogen, müssen Sie Ihre Pläne machen. Da Sie aber den Willen Gottes für Ihr Leben nicht in jeder Einzelheit kennen und zudem mit Schwachheiten und Sünden behaftet sind, müssen Sie Ihre Pläne jeweils Gott zur Unterschrift vorlegen. Dabei müssen Sie damit rechnen, dass Gott einige Dinge hinzufügen und andere abändern wird. Sie sollten sich aber darauf freuen! Überlegen Sie einmal: Der allmächtige Gott, der Schöpfer persönlich, ist Ihnen beim Planen Ihrer Zukunft behilflich!

Diese Abhängigkeit von Gott wird Sie auch vor dem Irrtum bewahren, zu meinen, Ihre Pläne seien endgültig und unabänderlich. Wenn Sie umsichtig planen – d. h. Gott die Möglichkeit geben, sich an Ihrem Planen zu beteiligen –, wird Gott Ihre Pläne begutachten, wenn nötig Änderungen vornehmen und sie Ihnen zurückgeben. Dies dient zu Ihrem Guten und zur Förderung Seines Reiches.

Wir wollen nun zum dritten Punkt übergehen.

Ihr Leben ist vergänglich und schwach

Das menschliche Dasein ist von grosser Unsicherheit geprägt und Ihr Leben hängt in der Tat manchmal an einem seidenen Faden. Sie können weder dessen Fortdauer noch dessen Ende bestimmen, ja, Sie können nicht einmal sicher sein, was in den nächsten Minuten geschehen wird. So gesehen ist es nichts als Anmassung und Grosstuerei (Jak. 4,16), wenn Sie Ihre Zukunft wie jener jüdische Händler planen.

Grosstun bedeutet, ungerechtfertigte Behauptungen aufzustellen, Dinge zu versprechen, die Sie nicht erfüllen können. Wenn Sie nicht einmal mit letzter Sicherheit sagen können, was in einer Minute geschehen wird, dann muss man unabhängiges Planen nicht nur als unsinnig, sondern als völlig anmassend bezeichnen. Die Dinge im Leben, derer wir gewiss sein können, haben alle mit Gottes Wort und Gottes Treue zu tun. Warum sollten Sie es dann noch vorziehen, Gott aus Ihren Plänen herauszuhalten?

Wir wollen uns jetzt noch mit der Tatsache auseinander setzen, dass Ihr Leben ganz in Gottes Hand ist.

So der Herr will

Jakobus schreibt: *«... statt dass ihr sagt: Wenn der Herr will.»* Im Lateinischen gebrauchte man manchmal die Abkürzung D.V., was *Deo Volente* heisst («So der Herr will»). Bei allem Planen sollte unsere Einstellung und Gesinnung von der Aussage dieser zwei Buchstaben geprägt sein.

«Heisst das nun, dass ich jedes Mal, wenn ich etwas über meine Absichten und Pläne sage, 'so der Herr will' anhängen muss? Muss ich auf allen meinen Briefen noch D. V. anfügen?» Nein, es geht Jakobus hierbei um etwas anderes. Es kann zwar nichts schaden, wenn man beide Dinge ab und zu tut, damit auch der andere merkt, worauf es beim Planen ankommt, doch geht es Jakobus nicht um eine blosse Formel. Er hat ein Interesse an Ihnen – an Ihrem inwendigen Menschen. Er möchte, dass Sie D.V. in Ihrem Herzen sagen, zu Ihnen selbst, bevor Sie, oder falls Sie es überhaupt zu andern sagen. Er möchte Ihr Selbstvertrauen, das jenem des jüdischen Händlers gleicht, durch Vertrauen auf die Güte und Vorsorge Gottes ersetzen. Es ist ein innerer Vorgang, bei dem Ihr Herz angesprochen ist.

Wenn Sie «so der Herr will» in Ihrem Herzen sagen und es auch so meinen, werden Sie jedes Mal erinnert, dass Gott und nicht Sie der Herrscher des Universums ist. Er hat bei Ihren Plänen schon ein gewichtiges Wort mitzureden.

Wenn Sie diese Überlegungen in Zukunft beachten, dann werden Sie wirklich umsichtig planen. Folgende Worte könnten vielleicht Ihr Planen beschreiben: «Nun, das ist das Beste, was *ich* tun kann. Ich will jetzt meine Pläne Gott darlegen und werde sehen, was *Er* tun wird. Er wird sicher einige Verbesserungen anbringen.» Das ist mit *Deo Volente* gemeint.

Vergessen Sie bitte nicht, dass Jakobus in Kapitel 4,13–16 nicht gegen ein sorgfältiges, biblisches Planen ist; er erläutert uns vielmehr, *wie* man planen soll. Selbstbewusstes, stolzes, anmassendes, nicht anpassungsfähiges Planen, bei dem Gott ausgeschlossen wird, verurteilt er. Bringen Sie Ihre Pläne im Gebet vor Gott, in der gleichen Gesinnung, die Jesus hatte, als Er sprach: *«Doch nicht, wie ich will, sondern wie du willst.»*

13. Sie können Geduld lernen

«Herr, gib mir Geduld, am besten jetzt gleich!» Diesen humorvollen Spruch sieht man in Amerika auf vielen Tafeln eingraviert, die in christlichen Buchläden verkauft werden. Die Aussage ist sehr treffend, doch wird nur die eine Seite der Geduld erwähnt.

Wir benötigen in zahlreichen Situationen Geduld. Jakobus sagt: *«Habt nun Geduld, Brüder»* (5,7). Es geht hierbei nicht um eine von vielen Möglichkeiten oder um eine Tugend oder Gabe, die nur ein paar Auserlesene besitzen. Es ist ein Gebot Gottes an alle Gläubigen. In Kapitel 5,7–10 werden wir viermal aufgefordert, geduldig zu *warten.* Gott hat ein anderes Verhältnis zur Zeit als wir. Geduld hat einerseits mit *Warten* zu tun, was wir in diesen Versen und im oben erwähnten Spruch erwähnt finden, aber andererseits auch mit *Ausharren.* Geduld bedeutet, auf Gottes Eingreifen zu warten, obwohl man sich in einer schwierigen Situation befindet, in der man leiden muss. Warten und ausharren zu können, ohne zu seufzen, das ist Geduld (V. 9).

Gottes Aufruf zur Geduld

Im Anschluss an seine Bemerkungen über die Reichen (5,1–6), wo er schon auf das baldige Ende der Unterdrückung hindeutet, weist Jakobus in den folgenden Versen auf das geduldige Warten hin:

«Habt nun Geduld, Brüder, bis zur Ankunft des Herrn! Siehe, der Ackersmann wartet auf die köstliche Frucht der Erde und hat Geduld ihretwegen, bis sie den Früh- und Spätregen empfange. Habt auch ihr Geduld, befestigt eure Herzen, denn die Ankunft des Herrn ist nahe gekommen. Seufzt nicht gegeneinander, Brüder, damit ihr nicht gerichtet werdet. Siehe, der Richter steht vor der Tür. Nehmt, Brüder, zum Vorbild des Leidens und der Geduld die Propheten, die im Namen des Herrn

geredet haben. Vom Ausharren Hiobs habt ihr gehört, und das Ende des Herrn habt ihr gesehen, dass der Herr voll innigen Mitgefühls und barmherzig ist. Vor allem aber, meine Brüder, schwört nicht, weder bei dem Himmel noch bei der Erde noch mit irgendeinem anderen Eid; es sei aber euer Ja ein Ja und euer Nein ein Nein, damit ihr nicht unter ein Gericht fallt. Leidet jemand unter euch? Er bete» (Jak. 5,7–13).

Gott erwartet von Ihnen, dass Sie eine bestimmte Einstellung und Haltung einnehmen während der Zeit, in der Sie darauf warten, dass geschehenes Unrecht wiedergutgemacht wird. Diese Einstellung ist gekennzeichnet durch vertrauensvolles, betendes Warten (V. 13), ohne zu seufzen (V. 9), was Ihnen dann auch ermöglichen wird, Leiden zu ertragen.

Es geht auch in diesem Zusammenhang wiederum um eine innere Einstellung. Das Herz steht im Mittelpunkt: *«Befestigt eure Herzen»* (V. 8). Wir werden ermahnt, innerlich standfest zu sein. Ohne diese Standfestigkeit können Sie nicht ausharren. Sind Sie hingegen innerlich gefestigt, werden Sie imstande sein, allem zu begegnen, was da kommen mag. Diese innere Standhaftigkeit darf man nicht mit Hartherzigkeit, Gleichgültigkeit oder mit einer besonderen Form von Stoizismus verwechseln. Jakobus meint damit eine echte, unerschrockene, entschlossene Standhaftigkeit, die sich auf einem unerschütterlichen Vertrauen auf Gottes Verheissungen gründet. An einer solchen Haltung prallt jede Art von Druck ab. Wir sind aufgerufen, jede uns bekannte geistliche Schwäche abzulegen, da wir sonst geistlich auseinander fallen, sobald die Auseinandersetzung heftig ist und das Warten lange dauert. Standfestigkeit nach aussen ist ein Beweis für innere Stärke. Ohne diese Standfestigkeit kann man kein *teleios* Mensch werden. Im Gegenteil: Diese innere Stärke ist die Frucht eines vollkommenen *(teleios)* Lebens.

Wie leicht kann man in Zeiten der Not, in Prüfungen und Schicksalsschlägen die Geduld verlieren. Auf eben dieses Problem hat es Jakobus abgesehen. Viele Christen stöhnen und beklagen sich über kleine Unannehmlichkeiten, geringfügiges Leiden und schlechtes Behandeltwerden. Was werden sie wohl in Zeiten der Verfolgung tun oder wenn sie schreckliches, körperliches Leiden durchstehen müssen? Wenn sie nicht gefestigt, nicht gestärkt am inneren Menschen sind, werden sie unweigerlich versagen und fallen. Sind Sie innerlich gestärkt und standfest? Können Sie am bösen Tag widerstehen und standfest bleiben (Eph. 6,13), weil Sie am inneren Menschen gestärkt worden sind? (2. Kor. 4,16; Eph. 3,16). Sollte dies nicht der Fall sein, dann müssen Sie die Anweisungen des Jakobus beachten und sie befolgen.

Es gibt Hoffnung

Gott weist uns darauf hin, dass Geduld lernbar ist. Jakobus unterscheidet sich in seiner Beweisführung kaum von Paulus, der in 1. Kor. 10,13 schreibt:

«Keine Versuchung hat euch ergriffen als nur eine menschliche; Gott aber ist treu, der nicht zulassen wird, dass ihr über euer Vermögen versucht werdet, sondern mit der Versuchung auch den Ausgang schaffen wird, damit ihr sie ertragen könnt.»

Jakobus sagt, dass wenn andere ausgeharrt haben, wir es ihnen gleichtun können (Jak. 5,7–11). Bauern müssen auch Geduld haben (V. 7). Ihr ganzer Einsatz geschieht im Hinblick auf die Ernte, auf die sie geduldig warten müssen. Vielleicht haben sie sich umsonst abgemüht. In Palästina waren für eine gute Ernte der Früh- und der Spätregen erforderlich. So musste der Bauer auf beide Regenzeiten warten. Jakobus gibt uns den Bauern als Vorbild und sagt: *«Habt auch ihr Geduld»* (V. 8). Schliesslich liess Ungeduld weder den Regen eher kommen, noch wurde die Ernte dadurch beschleunigt.

Sodann stellt uns Jakobus die Propheten als Vorbilder hin (V. 10 + 11). Gott hatte bei ihnen auch nicht sofort eingegriffen und ihre Prophezeiungen erfüllt, nur um sie vor Verachtung und Misshandlung zu bewahren. Sie weissagten im Namen des Herrn, sagten Königen und Priestern Ereignisse voraus, die jene nicht wahrhaben wollten und sie deswegen verfolgten. Dennoch liessen sie sich nicht von ihrem göttlichen Auftrag abhalten und konnten nicht zum Schweigen gebracht werden. Ihr Dienst war von Standfestigkeit gekennzeichnet.

Jakobus hebt hervor, dass solche Menschen «glückselig» oder «gesegnet» sind (V. 11). Im 2. Kapitel dieses Buches, als wir darauf zu sprechen kamen, wie man Anfechtungen mit Freude ertragen kann, wurde dieser Aspekt ausführlich behandelt.

Nehmen Sie Hiob zu Ihrem Vorbild (V. 11). Seine sprichwörtliche Geduld ist allen bekannt. Diese Stelle im Jakobusbrief war der Anlass, dass man von einer «Hiobsgeduld» spricht. Wenn ein Hiob nach allem, was er erleiden musste, dennoch ausgeharrt hat, so ist dies auch für Sie möglich. Das erste Argument, das Jakobus also anführt, lautet: Wenn Gott all diesen soeben erwähnten Menschen die Kraft gab, alle möglichen Arten von Leiden zu erdulden, dann kann Er Sie in gleicher Weise dazu befähigen. Deshalb gibt es Hoffnung für Sie. Reden Sie sich nicht ein: «Ich habe ja doch keine Geduld.» Lernen Sie, Geduld zu haben.

Zwei weitere Gründe für Hoffnung

Ist es nicht ermutigend, wenn man an Gottes Gnade gegenüber andern erinnert wird? Der Geist Gottes gebraucht das Wort Gottes, um uns Mut zu machen. Er zeigt uns Vorbilder im Wort und stärkt unsere schwachen und verzagten Herzen durch die Schrift (Röm. 15,4 + 13) . Jakobus zeigt uns noch zwei weitere Tatsachen, die uns innerlich stärken sollten.

Zuerst sagt er, dass Sie auf das Ende einer Sache achten sollen: *«Das Ende, das der Herr dem Hiob bereitet hat, habt ihr gesehen»* (Jak. 5,11). Ähnlich hat auch Paulus in 1. Kor. 10 argumentiert: Gott wird einen Ausgang schaffen, damit Sie die Versuchung ertragen können (V. 13). Gott führt Ihnen vor Augen, dass Sie auf das *Ende,* den *Ausgang* einer Sache schauen sollen. Hiob war am Ende viel reicher gesegnet, als er es vor der Versuchung war. Überdies weist Jakobus darauf hin, dass gerade, wenn Sie leiden müssen, Sie nicht vergessen dürfen, dass Christus eines Tages alles Unrecht wiedergutmachen wird (V. 7–9). Gott hat Seine letzte Karte – die alles entscheidende – noch nicht ausgespielt. Seinen Verheissungen müssen Sie vertrauen, wie dies alle Männer und Frauen Gottes über alle Jahrhunderte hinweg getan haben. Diese Verheissungen stärken Sie und tragen Sie durch, mehr als alles andere. Wenn Sie aber zweifeln oder die Verheissungen vergessen, werden Sie schnell die Geduld verlieren und weder warten noch leiden können.

Jakobus macht Ihnen durch einen weiteren Hinweis Mut: Versuchungen und Leiden lassen sich besser ertragen, wenn Sie sich immer Gottes Wesen vor Augen halten. Ihr himmlischer Vater ist «voll innigen Mitgefühls und barmherzig» (V. 11). Oder wie es Paulus ausdrückt, Gott ist treu und wird nicht zulassen, dass Sie über Ihr Vermögen versucht werden – vorausgesetzt natürlich, dass Sie sich biblisch verhalten und auf Ihn hoffen. Diese wunderbare Tatsache, so einfach sie auch klingen mag, macht uns wie keine andere Mut: Gott weiss um die langen Stunden, während denen Sie geduldig ausgeharrt haben, und Er kann mitfühlen und ist um Sie besorgt.

Lieber gläubiger Leser, Sie *können* geduldig sein! Sie können lernen, während des Ausharrens nicht zu seufzen oder zusammenzubrechen. Sie können in einer Art und Weise standfest sein und dann auch warten, bis Gott eingreift; es liegt nur an Ihnen. Gott hat Ihnen viele Vorbilder von solchen gezeigt, die es auch konnten. Er hat Sie auf den Segen hingewiesen, der im Warten liegt, und Er hat Ihnen Sein Mitgefühl zugesichert. Was fehlt denn noch? Wenn Sie in Zeiten des Leidens und der Not an diese drei wunderbaren Zusagen denken, sich daran festklammern, dann werden Sie erleben, dass Ihr Herz dadurch gestärkt und gefestigt wird.

Geduld zu verlieren ist Sünde

Im fünften Kapitel nennt Jakobus ein Beispiel für Ungeduld: Schwören (5,12). Und er bezeichnet es als Sünde. Der Ausdruck «vor allem», der den Abschnitt einleitet, kann irreführrend sein. Dieser Ausdruck wird hier wohl eher verwendet, um anzuzeigen, dass er mit seinem Brief am Schluss angelangt war. Er wollte damit nicht einen Vergleich ziehen wie in 1. Petr. 4,8.

Gott verbietet das Schwören nicht generell. Z. B. in folgenden Stellen wird Gott als Zeuge angerufen, was ungefähr auf ein Schwören hinausläuft (1. Mose 31,50; 2. Kor. 1,23; 1. Thess. 2,5). Jakobus meint aber mit Schwören das oberflächliche, unüberlegte Anrufen des Namens Gottes in einer Notsituation. Petrus mag ein gutes Beispiel für ein solches Schwören sein (Matth. 26,72–74). Jakobus verurteilt diese Art von Schwören, weil man dadurch bestimmten Worten grössere Wichtigkeit und Zuverlässigkeit beimisst als anderen, obwohl doch alle Worte eines Gläubigen glaubwürdig und zuverlässig sein sollten. Sein Ja oder Nein darf nie zweideutig sein.

Was bedeutet das für uns? Es bedeutet, dass es keine Entschuldigung gibt, falls man aus der Haut fährt, nachgibt oder verzweifelt reagiert, wenn man unter Druck oder Anfechtungen ist. Gott hat durch Seine Verheissungen alles Notwendige getan, damit unser Herz befestigt wird, und deshalb kann man Ungeduld nicht entschuldigen. Sein Wort lässt uns weder über uns selbst noch über unsere Leiden und Gottes Vorsorge im Unklaren.

Vergessen Sie bitte nicht: Sobald Sie nicht mehr biblisch denken, sobald Zweifel und Widersprüche sich bei Ihnen ausbreiten können, sobald Sie sich einreden, *ich kann nicht,* ist es mit dem Ausharren vorbei: Sie werden die Geduld verlieren und sündigen. Es kann Ihnen sogar das Gleiche widerfahren wie Petrus, nämlich dass Sie den Herrn verleugnen. Der *teleios* Christ ist vollständig, weil sein Innenleben geordnet ist. Er ist treu, seine Beziehung zu Gott ist intakt, und er ist innerlich gefestigt; stark gemacht durch seine völlige Abhängigkeit von Gott und Seinem Wort. Nehmen Sie die Worte des Jakobus ernst und lassen Sie sie in Ihrem Herzen wirken – Ihr Glaube wird gefestigt werden!

14. Sie können mit Krankheit fertig werden

Jakobus erwähnt im Zusammenhang mit Krankheit einen Aspekt, der oft vergessen wird: Krankheit kann die Folge einer Sünde sein.

«Ist jemand krank unter euch? Er rufe die Ältesten der Gemeinde zu sich, und sie mögen über ihm beten und ihn mit Öl salben im Namen des Herrn. Und das Gebet des Glaubens wird den Kranken heilen, und der Herr wird ihn aufrichten, und wenn er Sünden begangen hat, wird ihm vergeben werden. Bekennt nun einander die Vergehungen und betet füreinander, damit ihr geheilt werdet; viel vermag eines Gerechten Gebet in seiner Wirkung» (Jak. 5,14–16).

Krankheit und Sünde

Bevor wir dieses Thema behandeln, muss deutlich festgehalten werden, dass nicht jede Krankheit die Folge einer Sünde ist. Leider will man diese Unterscheidung, aus welchen Gründen auch immer, oft nicht wahrhaben – vielleicht tut man es aus demselben Motiv, das auch Hiobs Freunde dazu brachte, ihm vorzuwerfen, er habe gesündigt. Der eigentliche Ursprung jeder Krankheit liegt im Sündenfall begründet. Krankheit ist ein Ergebnis des Fluches, der über die Menschen und die Erde ausgesprochen wurde. Bei Hiob und dem Blindgeborenen (Joh. 9,3) stellt uns die Bibel klar vor Augen, dass deren Krankheit oder Gebrechen keine Folge ihrer eigenen Sünde war. Ich möchte sogar behaupten, dass die meisten Krankheiten *nicht* eine direkte Folge von persönlichen Sünden sind. Jakobus hebt dadurch, dass er in V. 15 das Begehen von Sünden mit einem «wenn» einleitet, dies deutlich hervor. Gleichwohl müssen wir festhalten, dass Gott Krankheiten als ein Mittel verwendet, um Seine Kinder zu ermahnen oder zu züchtigen. 1. Kor. 11,30–32 zeigt, dass Kranksein eine Strafe Gottes sein kann, nämlich dann, wenn Gläubige ihre Sünden nicht bekennen und sich nicht selbst überprüfen wollen. Auf diesen Punkt scheint auch Jakobus hinzudeuten. Er erwähnt ja auch, dass zur Gesundung ein Sündenbekenntnis notwendig sein kann. Wenn der Kranke seine Sünde schon bekannt und Busse getan hätte, müsste Jakobus ihn nicht mehr dazu auffordern.

Kranke Gläubige brauchen die Ältesten einer Gemeinde. Jakobus sagt, dass sie es waren, die die Arzneimittel verabreichten: *«Und sie mögen über ihm beten und ihn mit Öl salben im Namen des Herrn»* (V. 14). In unseren Tagen ist dieser Dienst zum grossen Teil vom Arzt übernommen worden. Die Ältesten sind aber davon doch nicht ausgeschlossen, denn das Haupt des Kranken wurde ja *unter Gebet* mit Öl eingerieben. Und dies alles geschah im Namen des Herrn. Die Ältesten verabreichten die Arznei, wobei sie ihr Vertrauen nicht allein auf die Arznei setzten, sondern auf Gott, den sie baten, die Arznei zu segnen. Auch heute können die Ältesten Gott bitten, dass die verabreichte Medizin den Kranken gesund machen wird. Diese Behandlungsmethode unterscheidet sich vom heidnischen Glauben an die alleinige Wirksamkeit und Heilkraft der Medizin.

Öl oder Heilmittel?

Es wird oft angenommen, dass das Öl in V. 14 ein besonderes Salböl gewesen sei. Das Wort «salben» mag zu dieser Verwechslung beigetragen haben. Eine genaue Betrachtung der verwendeten Ausdrücke kann hier Klarheit verschaffen. Jakobus gebraucht nicht das Wort *chrio,* das im Zusammenhang mit zeremoniellen Salbungen verwendet wurde (z. B. bei Christus: der Gesalbte). Er verwendet das damals ganz gebräuchliche Wort *aleipho,* das «einschmieren» oder «einreiben» bedeutet. Dieses «Einschmieren» geschah bei athletischen Wettkämpfen, oder *aleipho* wurde vom Arzt als Medizin verwendet. Die Juden gebrauchten Öl als Heilmittel, das sie je nach Krankheit mit verschiedenen wirksamen Heilkräutern vermischten (Jes. 1,6 und Luk. 10,34; Beispiele, in denen

Öl als Heilmittel eingesetzt wurde). Herodes nahm während seiner letzten Krankheit sogar ein Bad im Öl (Josephus, *Der jüdische Krieg;* 1,33,5). Hippokrates erwähnt Öl als ein Heilmittel. Galen nennt Öl «das beste aller Heilmittel gegen Lähmung», und im Talmud steht der Rat: «Mische Wein und Öl und reibe den Kranken am Sabbat damit ein» (Berakoth 3,1).

Die Ältesten hatten aber noch eine weitere Aufgabe zu erfüllen, was vielleicht der Hauptgrund dafür war, dass man sie rufen musste und es nicht einfach der Familie des Kranken überliess, die Arznei zu verabreichen. Die Ältesten sollten mit dem kranken Gläubigen über mögliche Sünden sprechen, die die Krankheit bewirkt haben könnten. Jakobus geht nicht darauf ein, ob die Krankheit eine natürliche Folge der Sünde (wie zum Beispiel Sorgen Magengeschwüre hervorrufen) oder ob sie einer direkten Strafe Gottes zuzuschreiben war (1. Kor. 11,29–32). Da Jakobus keine solche Unterscheidung macht und es auch nicht die Aufgabe der Ältesten war, dies festzustellen, müssen wir annehmen, dass beides vorkam. Das Kommen der Ältesten ist wichtig, da sonst das Fragen nach einer nicht bekannten Sünde wahrscheinlich unterlassen würde, und der kranke Bruder oder die kranke Schwester folglich nie ganz genesen würde.

Leider wird dieser wichtige Dienst in unseren Tagen von den Ältesten kaum wahrgenommen. Vielleicht beten sie, dass Gott die Medikamente zur Heilung wirken lässt, doch wird kaum je die Frage nach einer möglichen Sünde als Ursache für die Krankheit gestellt. Diese Unterlassung kann aus Unwissenheit oder aus Furcht geschehen. Für Jakobus hingegen war der innere geistliche Zustand des Gläubigen so wichtig, dass er sein Augenmerk auf diesen Punkt richtet. Deshalb ist ein solcher Dienst heute noch wichtig, und es ist gut möglich, dass sich dort entscheidet, ob ein Kranker wieder gesund wird oder nicht.

Sind Sie einer von den Ältesten? Vielleicht brennt Ihnen die Frage auf der Zunge: «Wie kann ich denn einen Kranken auf seine Sünden ansprechen?» Darf ich Ihnen einen Vorschlag machen? Lesen Sie mit dem Kranken Jak. 5,14–16. Loben Sie den Kranken dafür, dass er die Ältesten rufen liess (wenn er es wirklich getan hat; andernfalls erinnern Sie ihn höflich an diese Pflicht). Hernach sagen Sie ihm, dass Sie jetzt beten werden, um die Medikamente, die Krankenschwestern und Ärzte dem Segen des Herrn anzubefehlen. Sie können ihn dann leise, aber doch verständlich fragen: «Bevor ich bete, ist dir eine Sünde bewusst, die zu dieser Krankheit geführt haben könnte?» Es kann gut sein, dass der Kranke unsicher ist und Fragen stellt. Sie können ihm dann den Abschnitt erklären und sagen: «Jakobus schreibt, dass nicht bekannte Sünden eine Krankheit verursachen können, entweder als eine direkte Strafe Gottes oder als Folge eines sündigen Verhaltens. Wenn du denkst, dass dies bei dir auch zutreffen könnte, dann solltest du Busse tun und deine Sünde bekennen und Versöhnung suchen mit solchen, an denen du dich versündigt hast. Ich kann die betreffenden Leute bitten, dich hier besuchen zu kommen, wenn du willst. Ich weiss nicht, ob eine bestimmte Sünde deine Krankheit verursacht hat, aber wenn dem so ist, dann solltest du nicht zögern und diese Sache jetzt bereinigen; dafür sind wir ja auch hier.» Vielleicht werden Sie andere Worte und Formulierungen vorziehen, doch diese Hauptpunkte sollten genannt werden.

Gebet

Gemäss Jak. 5,14 sollten die Ältesten als Erstes beten und nicht zuerst den Kranken mit Öl einreiben. Dadurch wird das Vertrauen offenbar, das man in den Herrn hat, denn *«der Herr wird ihn aufrichten»* (V. 15). Das Gebet des Glaubens wird dem Kranken helfen, weil Gott auf das vertrauensvolle Gebet antwortet. Gott kann über die Medikamente wirken und heilen (als Schöpfer hat Er ja alle Heilpflanzen und Chemikalien, die in der Medizin verwendet werden, geschaffen), doch ist die Genesung von Ihm abhängig. Ob eine Krankheit als Folge einer Sünde aufgetreten ist oder nicht, das Gebet für den Kranken sollte immer an erster Stelle stehen, denn es ist der Herr, der den Kranken aufrichtet.

Die Ältesten rufen

Wieso soll man die Ältesten rufen? Abgesehen von den bisher erwähnten Gründen – Gebet, Sündenbekenntnis und Einreiben des Kranken mit Öl – gibt es noch andere Gründe, weshalb man die Ältesten rufen muss. Es liegt auf der Hand, dass die Ältesten nicht immer sofort über jedes Gebrechen oder Kranksein eines Gläubigen informiert sind. Als Erster ist sich der Kranke seiner Krankheit bewusst. So ist es an ihm, die Initiative zu ergreifen, wenn er möchte, dass man ihn bald besucht. Das heisst nun aber nicht, dass es den Ältesten nicht gestattet wäre, einen Kranken zu besuchen, auch ohne darum gebeten worden zu sein. Der Kranke hingegen sollte ein Kommen der Ältesten nicht als selbstverständlich annehmen, wenn er sie nicht informiert hat. Und er hat keinen Anlass, sich zu beschweren, falls sie in einem solchen Fall nicht kommen.

Wieso nun gerade die Ältesten? Weil sie als Aufseher über die Herde Gottes gesetzt sind und über sie wachen sollen (Hebr. 13,17). Ein Teil ihres Dienstes besteht darin, dass sie, ähnlich wie die Apostel es taten, für die Glieder der Gemeinde beten (Apg. 6,4). Wenn jemand nun krank ist, sollten sie diesen Gebetsdienst tun. Überdies haben sie als Aufseher Rechenschaft zu geben über jeden Gläubigen in der Gemeinde, und deshalb ist es auch ihre Pflicht, die Frage nach nicht bekannten Sünden zu stellen. Sie sind in einem solchen Fall dann auch am besten geeignet, den Kranken zu beraten und die notwendig gewordenen Versöhnungsgespräche zu arrangieren.

Heute wird viel zu oft davon ausgegangen, dass Krankheiten immer körperlichen Ursprungs sind und für die Heilung einfach die entsprechenden körperlichen Funktionen wiederhergestellt werden müssen. Der Christ muss aber wissen, dass es für eine Krankheit auch andere Gründe geben kann, wie zum Beispiel eine gestörte Beziehung zu Gott oder zum Nächsten. Ob Sünde im Spiel ist oder nicht, immer ist es das gläubige Gebet, das den Herrn veranlasst, zu helfen.

Wie wir es von ihm schon gewöhnt sind, hat Jakobus auch bei diesem Thema hinter die Kulissen geschaut. Seine Analyse geht über den rein medizinischen und körperlichen Aspekt hinaus. Vergessen Sie diesen Zusammenhang zwischen Krankheit und Sünde nicht. Gehen Sie aber bitte nicht hin und sehen hinter jeder Krankheit sofort eine Sünde, wie dies Hiobs Freunde getan haben. Wenden Sie sich an die Ältesten Ihrer Gemeinde, und seien Sie ihnen dankbar, wenn sie das Thema «nicht bekannte Sünden» ansprechen. Wenn sie es nicht tun, dann weisen Sie sie auf diese Stelle im Jakobusbrief hin, und machen Sie ihnen Mut, ihre biblische Pflicht gewissenhaft zu erfüllen.

15. Was bedeutet dies alles nun für Sie?

Das Hauptanliegen des Jakobus zielt darauf ab, Ihnen die Wichtigkeit der inneren Prinzipien und Kräfte auf Ihr Leben deutlich zu machen. In diesem letzten Kapitel möchte ich noch kurz auf die Konsequenzen, die diese Betrachtungen auf Ihr Leben haben könnten, eingehen.

Gott will Ihr Herz

Nach all dem, was gesagt worden ist, mag es Ihnen merkwürdig erscheinen, dass man Jakobus unterstellt, er versuche, den Gläubigen von der Notwendigkeit des Haltens von äusseren Geboten zu überzeugen. Aus dieser falschen Auffassung heraus hat auch Luther an der Inspiration des Jakobusbriefes gezweifelt und dessen Platz im Kanon in Frage gestellt. Er nannte den Brief «eine stroherne Epistel». Nun, wie Sie unterdessen wissen, geht es Jakobus gerade um das Gegenteil.

Bei seiner Darlegung über den «vollständigen» Christen, dessen Werke seinen lebendigen, errettenden Glauben bezeugen, gibt sich Jakobus die allergrösste Mühe zu zeigen, dass diese «Vollständigkeit» nur erreicht werden kann, wenn der *ganze* Mensch von Gott ergriffen ist. *Äussere Werke geschehen in Übereinstimmung mit und als Folge innerer Substanz.* Die Worte des Jakobus können durchaus als das Echo der Bergpredigt bezeichnet werden, und auch durch seine Betonung der inneren Zusammenhänge gibt Jakobus zu erkennen, dass er die Lehre Jesu begriffen hat. In der Bergpredigt wird gezeigt, dass die Gerechtigkeit eines Gläubigen die Gerechtigkeit eines Pharisäers weit in den Schatten stellen sollte. Es geht aber nicht um die Menge der gerechten Werke, sondern um die innere Kraft und Substanz. Was Jesus in Matth. 5–7 aufzeigte, nimmt Jakobus in seinem Brief wieder auf.

Dass Jakobus den Schwerpunkt auf die innere Realität legt,

ist nicht nur daran ersichtlich, dass er immer wieder darauf hinweist, sondern auch daran, dass er ausführlich die inneren Zusammenhänge und deren Wirkungsweise erklärt. Er kommt immer wieder darauf zurück.

Während Paulus tote Werke als eine blosse äussere Form der Gottseligkeit schildert und sie dem lebendigen Glauben gegenüberstellt, kontrastiert Jakobus den toten Glauben mit lebendigen Werken, die einer inneren Realität entspringen. Beiden Schreibern geht es darum zu zeigen, dass innere Realität und äussere Werke harmonisch zusammenwirken müssen. Diesen Punkt scheint Luther nicht verstanden zu haben.

Das Ziel heisst Vollständigkeit

Jakobus legt nicht um der Sache selbst willen so viel Wert auf die innere Substanz. Eine lebendige, echte innere Realität führt zur Vollständigkeit, was wiederum Gott ehrt. Diese innere Realität, diese innere Kraft, ist der Schlüssel zur Vollständigkeit.

Es wird oft viel zu sehr betont, dass wir, auch nachdem wir uns bekehrt haben und gerettet sind, immer noch Sünder sind. Natürlich stimmt das. Aber es stimmt eben auch, dass wir als *erlöste* Sünder eine weit grössere Kraft zur Verfügung haben, um in Gerechtigkeit leben zu können, als dies uns bewusst ist. Diese Tatsache ist durch das Überbetonen unserer Sündhaftigkeit verwischt worden und hat zu Niederlagen und Entmutigungen im Glaubensleben geführt, durch die viele Gläubige veranlasst wurden, den Glauben aufzugeben.

Jakobus möchte, dass wir erkennen, welche Machtfülle wir in Christus haben. Das Ziel, das er uns setzt, die Vollständigkeit, will er nicht als frommen Wunsch verstanden wissen, sondern als ein Ziel, das wir in Christus voll und ganz erreichen können. Jakobus möchte uns zu ausgewogenen Männern und Frauen Gottes heranreifen sehen, die in jedem Lebensbereich Fortschritte machen. Er will, dass wir täglich an Vollständigkeit zunehmen, wobei kein Bereich ausgeklammert werden darf. Er ruft uns auf, ein Leben zu führen, das von

Zweifeln frei und von Gebet geprägt ist, das auch in Anfechtungen durch Freude gekennzeichnet und in dem jeder Selbstbetrug ausgeschlossen ist.

Was werden Sie tun?

Die Vorbilder und Beispiele, die Jakobus verwendet, sind beeindruckend; sie überzeugen und überführen. Er spricht von denen, die sich in einem Spiegel betrachten, weggehen und vergessen, wie sie aussahen. Diesen stellt er jene gegenüber, deren Leben durch denselben Spiegel (das Wort Gottes) verwandelt werden, weil sie *tun,* was sie hören. Zu welchen gehören Sie?

Sie haben nun in das Wort Gottes hineinschauen können, das uns der Apostel Jakobus überliefert hat. Sie kennen jetzt die Bereiche in Ihrem Leben, in denen es noch nicht stimmt, und Sie wissen, was Sie dagegen tun können. Sie haben die Ermahnungen des Jakobus gehört, seine Warnung vor falschen Schlüssen, vor Hindernissen und Gefahren. Das Prinzip des Ablegens und Anziehens ist Ihnen nun bekannt. Sie wissen, wie Sie die Gebote Gottes befolgen können. Eine einzige Frage ist noch offen: *Was werden Sie tun?*

Diese Frage müssen Sie selbst beantworten. Niemand kann es an Ihrer Stelle tun. Wenn Sie sich heute nicht dazu überwinden können, den ersten Schritt zu wagen, ist die Wahrscheinlichkeit gering, dass Sie es zu einem späteren Zeitpunkt tun werden.

Welche Schritte können Sie nun der Reihe nach tun?

1. Überdenken Sie noch einmal, was Sie in diesem Buch gelesen haben. Sie können dabei die einzelnen Kapitel flüchtig durchsehen oder auch nur die Überschriften oder das Inhaltsverzeichnis durchgehen.
2. Schreiben Sie sich auf, in welchen Bereichen Ihres Lebens Sie Mängel erkannt haben.
3. Als Nächstes beten Sie für diese Bereiche (wenn nötig, müssen Sie das Kapitel über Gebet noch einmal lesen), und

bitten Sie Gott um Weisheit. Bitten Sie Ihn auch um die Kraft und Gelegenheit, damit Sie alle Seine Gebote befolgen und in der Vollständigkeit wachsen können.

4. Schreiben Sie alles auf, was Sie der Reihe nach tun müssen.
5. Schreiben Sie auf diese Liste – neben die Dinge, die Sie tun müssen – auch hin, wann und wo Sie damit anfangen wollen, wie Sie es zu tun beabsichtigen und was Sie sich davon erhoffen.
6. Tun Sie alles, was Sie sich vorgenommen haben; ansonsten bleibt es nur beim frommen Wunsch.

Fussnoten

1 John Leo: «A Therapist in Every Corner», *Time,* 13.12.1985, S. 59, an der Konferenz für Evolution der Psychotherapie, Phoenix.

2 ebd.

3 «Dark Days for Psychiathry: A Search for Answers», *U. S. News and World Report,* 25.2.1985, S. 74.

4 Das hebräische Wort *tam* wird in der Septuaginta, der zur Zeit des Jakobus gebräuchlichen griechischen Übersetzung des Alten Testaments, häufig mit *teleios* wiedergegeben.

5 Dass die Grundbedeutung auch hinter der sekundären Bedeutung nie ganz verloren ging, zeigt sich daran, dass im modernen Griechischen die sekundäre, von Jakobus verwendete Bedeutung wieder zugunsten der Grundbedeutung zurückgetreten ist. Mithin schwang auch zur Zeit des Jakobus stets die Vorstellung vom *Führen* der Gedanken mit.

6 Man vergleiche dazu meine kleine Schrift über 1. Kor. 10,13 «Christ and Your Problems», Nutley, NJ, 1972. In diesem Vers sagt Gott, dass Probleme, die Christen zu schaffen machen, nicht einmalig sind, auf den Einzelnen aber in einmaliger Weise zugeschnitten sind und ein Ende haben. All das geschieht, offenbart Er, «damit ihr sie *ertragen* könnt».

7 Das Wort wechselt die Bedeutung von *Erprobung* (V. 2 + 12) zu *Versuchung* (V. 13–14).

8 F. J. A. Hort: *James,* in *Expository and Exegetical Studies.* Klock and Klock, Minneapolis 1980, S. 26.

9 Eine vollständige Diskussion der Lehre der radikalen Amputation findet sich in meinem Buch *A Theology of Christian Counselling* Grand Rapids, 1979, Kap. 16. Sprüche 5,8; 7,25 sprechen von einer schlichten, aber wichtigen und wirksamen Methode, Versuchung zu vermeiden (hier geht es um die ehebrecherische Frau): Nahe dich ihrem Bereich nicht!

10 Augustin: «Discourse on the Lord's Prayer», in: C. M. Depew (ed.), *The Library of Oratory,* New York 1902, S. 376. Ich habe das Zitat geringfügig modernisiert.

11 ebd. S. 377

12 ebd. S. 379, 375

13 Für ein System praktischer (im Gegensatz zu abstrakter) Bibelarbeit siehe mein Buch *What to do on Thursday.* Phillipsburg NJ, 1982. Der Titel drückt den Gedanken aus, dass rechtes Bibelstudium davon abhängig ist, dass man lernt, die gehörten Dinge nicht nur am Sonntag anzuwenden (damit man das Bibelquiz erfolgreich besteht), sondern am Donnerstag (und damit an jedem Wochentag).

14 Es gibt natürlich eine gesunde Art der Ungewissheit, die uns beim Erfragen der in der Bibel gelehrten göttlichen Wahrheiten begleitet. Diese wohlwollend skeptische Haltung in Leuten, die den Beröern gleichen, wird von Lukas als «edel» taxiert (Apg. 17,11). Man beachte aber den Unterschied. Hier bleibt Ungewissheit so lange bestehen, bis man Gewissheit über Gottes Willen gefunden hat – dort hingegen wird eben dieser Wille, auch nachdem man ihn erkannt hat, in Frage gestellt und angezweifelt.

15 Das heisst, Gott geht nicht auf die Bitte ein. Natürlich weiss Gott um jedes Gebet, das gesprochen wird. In diesem Sinn «hört» Er sie alle (ansonsten das Gebet des Gesetzlosen Ihm kein «Gräuel» sein könnte). Und Er hört, noch bevor wir zum Ihm beten (Jes. 65,24).

16 Das mit *salben* übersetzte Wort sollte eigentlich «einreiben» heissen. In Kapitel 14 werde ich erklären, warum.

17 Man sehe hierzu meine einschlägigen Kapitel in *The Christian Counselor's Manual,* Grand Rapids, 1986.

18 Siehe Jay Adams: *Biblical View of Self-Esteem, Self-Love and Self-Image,* Eugene, OR, 1986, die Seiten 51 ff. für eine ausführliche Diskussion dieser Bedürfnispsychologie.

Bücher aus unserem Verlag

Schwengeler, Yvonne; Metzger, Manfred;
Windecker, Ottfried

Ratgeber Ehe

Lieben lernen, Konfliktbewältigung, Interviews, Fragen und Antworten

(SV) geb., 304 Seiten,
Best-Nr. 818433, ISBN 3-85666-433-5

Ein Ratgeber zur Ehe? – Wozu auch, bei uns wird es keine Probleme geben. Wir lieben uns doch! Mit dieser Überzeugung starten viele Paare voll Optimismus in die Ehe. Aber der Alltag zu zweit ist nicht so einfach, wie man sich das gedacht hatte. Der Sturz aus dem Wolkenkuckucksheim der Verliebtheit ist unvermeidlich. Jetzt gilt es, an der Beziehung zu arbeiten, damit die Liebe wächst und für beide Erfüllung und Freude bedeutet.

Beckett, John D.

Geliebter Montag!

Die erfolgreiche Umsetzung biblischer Massstäbe in der Geschäftswelt

(SV) Pb., 192 Seiten,
Best-Nr. 818429, ISBN 3-85666-429-7

Als Reporter des TV-Senders ABC eine Sendung über die bekannte, erfolgreich tätige R. W. Beckett Corporation in Elyria (Ohio) drehten, stiessen sie auf Strukturen, die beispielhaft sind für Integrität, Motivation und Effizienz am Arbeitsplatz. Das Geheimnis: Der Leitfaden für die Geschäfts- und Personalpolitik ist die Bibel! John D. Beckett, Vorsteher der R. W. Beckett Corporation, erklärt in diesem Buch, wie er biblische Grundsätze zum Fundament seiner Geschäftspolitik machte. Diese erprobten Wahrheiten hatten schon in der Vergangenheit einzelne Menschen und ganze Völker vorangebracht. Beckett wendet sie auf die kurzlebige, marktorientierte Hightech-Welt von heute an – mit Erfolg.

Zu beziehen bei: Schwengeler Verlag, Hinterburgstr. 8, CH-9442 Berneck,
Tel. in der Schweiz: 071 727 21 27, aus anderen Ländern: ++41 71 727 21 27,
Fax in der Schweiz: 071 727 21 28, aus anderen Ländern: ++41 71 727 21 28,
E-Mail: bestellung@schwengeler.ch, online: www.schwengeler.ch

Masters, Peter

KraftWort

(SV) Pb., 240 Seiten,
Best-Nr. 818412, ISBN 3-85666-412-2

Aus dem Inhalt:
- Gottes Wort an eine sterbende Welt
- Hindernisse für Busse und Glauben
- Sieben Zeichen echter Umkehr
- Anleitung für die Verkündigung

Der Autor zeigt, wie man Bibeltexte für die evangelistische Verkündigung aussucht und aufbereitet. Ausserdem hinterfragt er die modernen Gemeindewachstumstechniken und verdeutlicht die Vorrangstellung direkter Verkündigung. Diese und weitere wichtige Themen machen dieses Buch zu einem umfassenden Lehrbuch des Seelengewinnens.

Schwengeler, Bruno

Wenn die Seele schmerzt

(SV) geb. 216 Seiten,
Best-Nr. 818174, ISBN 3-85666-174-3

Therapien bei seelischen Störungen gibt es mehr als genug. Trotzdem nehmen Depressionen, Angst und Beziehungsstörungen, Komplexe und Suchtabhängigkeiten immer mehr zu. Was ist der Grund dafür? Ziel dieses Buches ist es, die Hintergründe für falsche Denkmuster und Verhaltensweisen zu erhellen, und mit einer anhand der Bibel orientierten Seelsorge einen befreienden Weg aus psychischen Störungen aufzuzeigen.

Der Tod eines Guru

Rabindranath R. Maharaj

Der Tod eines Guru

(SV) Tb., 255 Seiten,
Best-Nr. 70234
ISBN 3-85666-010-0

Rabindranath R. Maharaj – Nachkomme einer langen Linie von Brahmanenpriestern. Schon als kleines Kind wurde er in Yoga und Meditation trainiert und forschte in den indischen Schriften. Er übte sich täglich mehrere Stunden in geheimnisvollen Gebeten, Riten und Anbetung seiner vielen rätselhaften Götter. Dabei geriet er in transzendentale Zustände, kam mit «Geistern» in Kontakt, sah die entzückendsten Farben, hörte mysteriöse Musik und wurde in andere Welten weggehoben. Rabi erfüllte die Pflicht der Astrologie und erlangte so den Titel eines hinduistischen Pandit. Die Bevölkerung betete ihn als Gott an und legte ihre Opfer zu seinen Füssen. Steigende Enttäuschungen sowie innere und äussere Kämpfe führten den jungen Guru zur Auseinandersetzung mit seinen mystischen Kenntnissen und Erlebnissen. Man spürt den tiefen Einblick in die östliche Religion in dieser packenden Erzählung. Rabi findet den wahren Sinn für sein Leben.

Überdies wird dieses interessante Buch durch eine treffende Worterklärung (was bedeutet z. B. Brahman, Yoga, Guru, Karma, Krishna, Mantra, Maya usw.) zu einem handlichen Kurzlexikon.

Ein Buch, spannend bis zur letzten Seite, das Sie ungern zur Seite legen, wenn Sie einmal zu lesen begonnen haben.

Zu beziehen bei: Schwengeler Verlag, Hinterburgstr. 8, CH-9442 Berneck,
Tel. in der Schweiz: 071 727 21 27, aus anderen Ländern: ++41 71 727 21 27,
Fax in der Schweiz: 071 727 21 28, aus anderen Ländern: ++41 71 727 21 28,
E-Mail: bestellung@schwengeler.ch, online: www.schwengeler.ch